王麟 张津理 编著

邮政传奇

THE LEGEND OF POSTAL SERVICE

山西出版传媒集团
山西教育出版社

图书在版编目（CIP）数据

邮政传奇 / 王麟，张津理编著. — 太原 ：山西教育出版社，2022.9
ISBN 978-7-5703-2780-5

Ⅰ. ①邮… Ⅱ. ①王… ②张… Ⅲ. ①邮政业-经济史-世界 Ⅳ. ①F631.9

中国版本图书馆 CIP 数据核字（2022）第 155935 号

邮政传奇
YOUZHENG CHUANQI

责任编辑 裴 斐
复　　审 韩德平
终　　审 彭琼梅
装帧设计 宋 蓓
印装监制 蔡 洁

出版发行 山西出版传媒集团·山西教育出版社
（太原市水西门街馒头巷 7 号 电话：0351-4729801 邮编：030002）
印　　装 山西聚德汇印务有限公司
开　　本 890 mm×1240 mm 1/32
印　　张 5. 75
字　　数 166 千字
版　　次 2022 年 9 月第 1 版 2022 年 9 月山西第 1 次印刷
印　　数 1—3 000 册
书　　号 ISBN 978-7-5703-2780-5
定　　价 26. 00 元

如发现印装质量问题，影响阅读，请与出版社联系调换。电话：0351-4729588

目录

01 古驿邮传三千年

古今中外，无论是生产、生活，还是战争，信息传递是重中之重。它承载着无数国家大事与爱恨情仇，传递着烽火岁月和殷殷期盼。巍巍雄关之上时常有的狼烟预警，雨打芭蕉里轻唱的“云中谁寄锦书来”，更有“烽火连三月，家书抵万金”的珍贵亲情，还有“江南无所有，聊赠一枝春”的浪漫洒脱。经过数千年的漫长演变，信息传递的措施和功能在不断丰富和发展，从狼烟到邮驿、邮传、急递铺，最终发展成为功能完善的邮电系统，再从邮电系统中分化出邮政和通信等专业领域。

什么是邮政？它是由国家兴办、利用运输工具传递信息的通信行业，是人类社会从事生产活动和彼此交往不可或缺的基础设施。如果说交通是国家的大动脉，那么邮政无疑就是动脉里奔流的血液，它每时每刻都在国民经济发展中扮演着重要角色。邮政是距离我们最近，而如今又被大多数人忽略的重要基础设施。回想起来，仅仅在 20 多年前，邮政还是“神”一般的存在，我们无论是寄信、寄包裹，还是发电报，甚至打电话，都要去邮局里排队，那时候邮政和通信还没有分家。为了打几分钟的长途电话，拍一份十几个字的电报，都要我们耐心等待很长时间。随着科技的发展和相关业务的剥离，曾经承担着很多功能的邮政系统，如今仅仅剩下邮寄、快递和存储三个基本业务了。

邮政的历史源远流长。在古代，无论东西方，很多国家建立了官方的邮政系统，称为“驿传”或者“邮驿”，是政府为了传递文书、接待使客、转运物资而设立的通信和交通组织，特点是“官办、官管、官用”，其最重要的任务就是负责政府的公文往来和军情传递，同时承担一些物资的运输工作。

最古老的通信方式起源于古埃及。大约在公元前 3000 年，古埃及人便将归巢的鸽子作为通信工具，因为鸽子具有特别发达的定向感知器官，无论飞离巢穴多远，它都能准确无误地返回。古埃及人充分利用鸽子的这种特殊功能，把需要传递的信息绑在鸽子的腿上，这样鸽子回到原始巢穴的同时就会将信息传递回来。而最古老的邮政系统可以追溯到古埃及第十二王朝（约公元前 1991—前 1786 年），那时候古埃及人送信主要通过尼罗河的水运，他们预先将准备好的信件装在防水的盒子里，并由专门的护卫押送，当然这种古老邮政只为法老阶层服务。

飞鸽送信

随着交通运输方式的不断进步，古埃及的邮政服务也随之发展起来。在公元前 305 年的埃及托勒玫时代，引入了一种新的邮政运输方式，承运人通过“快马加鞭”传递信息。这个时代还出现了最早的文书，分为“特快专递”和“普通邮件”。特快专递服务专门为各地区官员和统治者所独有，而普通邮件为广大公众所使用，并由邮递员通过驴、骡等牲畜运送。

到了奥斯曼帝国时期（1299—1923 年），意大利商人卡洛·梅拉蒂在 1821 年建立了第一个私人邮政系统，称为“欧洲邮政”。他的后人贾科莫·穆齐升级换代，利用帝国的铁路系统来投递邮件。1857 年，“欧洲邮政”被埃及政府收购，并将其用于所有的地面通信。随后，“欧洲邮政”改为“埃及邮政”，成为奥斯曼帝国的主要交流手段，并在大约 10 年后发行了第一枚埃及邮票。由于当时的埃及已成为商贸枢纽，政府通过“埃及邮政”在伊兹密尔、吉达、加里波利、贝鲁特、卡瓦拉、萨洛尼卡、的黎波里、罗德岛、苏阿金、马萨瓦和喀土穆等邻近城市开设了相应的邮局。

古埃及和亚述帝国这两个老冤家，它们虽然在军事上经常发生冲突，但是在邮政建设上却各有千秋。早在公元前 10 世纪，亚述帝国就以首都为中心建设石砌驿道，构建全国性的道路网，连接帝国的各个地区，加强对这些地方的控制。在道路沿线，每隔一段距离就会设置一座驿站，驿站之间的距离为 35— 40 千米，这些驿站为信息传递员、使节提供食宿和补给品。而传递信息通过骡马等牲畜进行，快递员到达驿站之后，立刻将信件转交给下一位快递员，由此不间断地送到目的地。亚述帝国在三千多年前建造的邮政系统，在很长一段时间内都处于世界领先地位。

亚述帝国邮路浮雕

提及世界上古代的邮政系统，波斯帝国是一个绕不开的话题。在波斯帝国居鲁士大帝（559—529 年）统治时期，波斯人修建了一条从小亚细亚的撒迪斯到波斯首都苏萨的长约 2414 千米的驿道，被称为“皇家之路”，是当时世界上最长的道路。凭借着“皇家之路”，波斯帝国建造了世界上较早的邮政系统，沿途设置了大约 80 个驿站，那里既是骑马的快递员住宿休息的场所，也是邮政业务交接之地。古希腊历史学家希罗多德曾盛赞波斯帝国的驿站：“由波斯人创造并使用的传递信息的方法，比别的方式更加迅速。沿着每条驿道，在有规律的间隔上设置驿站，即使雨雪天、严冬或黑夜都不会妨碍信差以最快的速度进行投递工作。”和古埃及一样，波斯帝国建造的邮政系统只有国王和重要的领导人才能使用，直到 17 世纪初，普通人才被允许通过邮政系统传递信件。

在印度，公元前 322—前 185 年的莫里扬帝国时期，经济增长和政治稳定促进了古代印度民间基础设施的持续发展，在此期间产生了邮件服务。信差通过步行或者运输工具传递信息，有时候也通过被称为“dagana”的战车运送邮件。

罗马在公元前 2 世纪以后征服了地中海区域，建立了行省制度。公元前 1 世纪后期罗马帝国疆域广大，经济繁荣，交通发达，邮驿成为军事和行政机构的一部分。《后汉书 · 西域传》记载：罗马“地方数千里，有四百余城。小国役属者数十。以石为城郭。列置邮亭，皆垩塈之（用白土粉饰屋顶）。邻国使到其界首者，乘驿诣王都……”。

公元前 27 年到公元 14 年，统治罗马帝国的奥古斯都屋大维在众多州长和军事官员的帮助下，建立了罗马第一个正式的邮政局，以期可靠、快速的传递信息。罗马帝国邮政服务以精心设计的罗马道路系统为基础，通过军队进行维护。罗马邮政服务效率很高，每天的邮件传输速度高达 80 千米。如果有必要，该系统可以满负荷运转，提供加急快递服务。例如 69 年，罗马军队在莱茵河发动了叛乱，这则重要的消息以每天 240 千米的速度传给了罗马帝国皇帝加尔巴。

古罗马邮驿浮雕

476 年西罗马帝国灭亡后，新建立的国家仍采用罗马的邮驿制度，如东哥特王国的狄奥多里克统治亚平宁半岛期间（493—526 年），统治区内保持了罗马邮驿制度的主要部分。东罗马帝国的邮驿制度基本沿用了罗马旧制，后来成为阿拉伯邮驿制度的基础。

和古代西方相比，我国古代邮政的起源可以追溯到传说中的黄帝时期，那时候的通信靠人力或者舟车，通过水陆运输传递信息。在唐尧统治时期，通信方式常用“诽谤之木”和“木鼓传信”。所谓“诽谤之木”，指的是用一根横木交叉在高耸的柱头之上，形似如今的路标，也称为“表木”，意思是“以表王者纳谏，亦表识衢路也”。所以说，“诽谤之木”有两大作用，一是作为向上级表达意见的工具，二是在岔路口指引方向。在帝舜时代，除了保留唐尧时代的“诽谤之木”之外，还专门设置了“敢谏之鼓”，并配置了 22 位“纳言”官员，主要意图是使政令上下通达，能够及时了解民间的疾苦和声音。大禹时代的通信方式更近了一步，通过修建 9 条大道，保证了信息传递的通畅。

中国古代驿站复原图

上面所列举的例子是根据先秦时代的上古典籍记录的事迹整理而来的，毕竟当时还处于新石器时代的原始社会末期，通信方式缓慢而笨拙，同时反映出生产力的极端落后与社会交流的艰难。到了商代，信息传递一般通过陆路交通进行，诞生了“驲传”制度。这里的“驲”，指的是驿站专用的车马。商代传递信息通过两种交通工具进行，乘车或者骑马。乘车传递信息称之为“驲”“传”；骑马传递信息称之为“递”“驿”。驿、传是早期有组织的通信方式。在商代，军事上的通信方式比较特殊，采用“击鼓传声”的办法。当然，烽火传信在商代也不罕见。许多考古资料已经证实，至少在商纣王时代，就已经开始利用烽火传递军情了。

西周时期，军事上传递信息采用“烽燧”，夜晚点燃柴草预警是“烽”，白天点燃积薪预警是“燧”。可见，烽烟预警一开始采用的是积薪和柴草，后来才换成点燃后浓烟更不容易驱散的狼粪，称之为“狼烟”，后来这个词用来指代战争。在周代，对烽燧的使用有严格规定，对诸侯们有一定的约束力，一旦天子举烽燧，诸侯必须马上带兵勤王，不能怠慢。西周末年，周幽王利用烽燧把国家玩惨了，“烽火戏诸侯”历史上到底有没有确切事实还没定论，但是周幽王玩闹亡国，也算是给了后世诸多教训。

长城烽火台

在周代，军事上传递紧急信息用烽燧最合适，一日之间就可以将信息传递上千千米，然而，虽然烽燧传递信息快，但信息量很少，一旦遇见复杂的信息，就无能为力了。所以，周代除了烽燧之外，还建立了驿传制度，也就是官方的邮政系统。《诗经》上说："周道如砥，其直如矢"，说的是周代修建的从镐京到洛阳的官道像磨石平整，直如箭矢，特别适合长途跑驿马和驿车。周天子为了和各个诸侯国联系方便，在官道上每隔 15 千米就设置一座驿站，配备好马良车，专门用于传递官府文书，接待往来官吏和运送货物。

西周的邮传制度已经比较完备，诸侯国和周天子之间往来的各类文书也是多如牛毛，像周王对诸侯们的告诫、策命，诸侯间的盟誓、征召等，都有一套很成熟的规定。到战国时期，甲骨文已经没落，竹木简开始盛行，邮递之时就用牛皮条将竹简装订成册，卷曲加封。秦统一六国之后，修建驰道，让书同文、车同轨，建立了比较完备的邮传制度。秦以咸阳为中心，设置驿站，制定法令，派遣官员，信息传递畅通无阻。

汉代将所传递的文书划分等级，注明"以邮行""以亭行"的是普通文书；注明"吏马驰行"的是紧急文书，由专人快马传递；注明“以次传行”的是传阅文书。必须按规定次序、时间传递，不许有误。收发文书时，每个驿站还要登记收发人及时间，以明确责任。

汉代邮驿开始称“驿”，这种称法一直沿用到清代，主要原因是邮驿的传递工具是马匹。汉代的驿站和相关制度直接承接自秦代。两汉 400 多年间，除了在国内建立严密的邮驿制度、发展通信网之外，还通过张骞通西域，打开了通往中亚、西亚、欧洲的国际邮路，促进了东西方经济和文化的相互交流与借鉴。

《汉书· 西域传》记载：“立屯田于膏腴之野，列邮置于要害之路，驰命走驿，不绝于时月，商胡贩客，日款于塞下。”生动地刻画了汉代与西域诸国交通往来的盛况。汉代邮驿制度规定，一般道路为十里一亭，五里一邮，在全国交通大道上每三十里设一驿站，驿站里面一般设置“传舍”，也就是如今的招待所的前身。

从魏晋南北朝到隋唐、两宋、元明清诸朝代，邮驿系统基本上还是延续汉代的邮传制度，只不过根据实际需要进行了改进。比如唐代邮驿设置遍于国内，邮传分为水驿、陆驿和水陆兼顾三种，共 1639 处。唐代的藩镇都在京城长安设“上都邸务留后使”，他们将朝廷大事写成新闻，送给各藩镇节度使，称为邸报，还有邸抄、朝报、条报、杂报等名称。唐玄宗开元年间的《开元杂报》已用木板雕刻印成单张。这种古代的报纸，当时也由邮驿传递。唐代各驿站犹如一个小社会，建有驿舍，配备驿马、驿驴、驿船，还开垦驿田，能够做到一定程度的自给自足。

宋代邮驿的规模不如唐驿，但有新的改革，即驿卒由民夫改为兵卒担任，战时设急递铺。沈括的《梦溪笔谈》描述：“驿传，旧有步、马、急递三等，急递最遽，日行四百里，唯军兴用之。熙宁中，又有金字牌急脚递，如古羽檄也。以朱漆木牌金字，日行五百里……”元朝由于军事活动频繁，疆土不断扩大，邮驿也随之发展。元代的驿政有蒙古站赤和汉地站赤之分，前者属通政院，后者属兵部。这里所说的“站赤”，就是驿站，其规模因为国土的扩张而达到了极致，远远超过汉唐时代。据元《经世大典》记载，仅在中国境内即有站赤 1496 处。此外，还有大量的急递铺。意大利人马可 · 波罗记载，皇帝使人自都城出使者，每二十五里必有一驿，每驿有房舍，宏大华丽……于是四方往来之使，止则有馆舍，顿则有帐供，饥渴则有饮食，而梯航毕集，海宇会同，元之天下，视前代为盛。

宋代王楼驿

明清两代邮驿，大多沿袭旧制。清代中叶后，驿站因为管理落后，官员贪渎，驿政废弛，驿递迟缓，越来越无法满足现实需求，随着近代邮政的建立，古老的邮驿制度终被完全淘汰。

02 “飞毛腿”与古代快递

◇ ……………………

都说民间多奇人，在冀中地区就流传着一个故事，讲的是清朝末年一个“飞毛腿”单日往返保定府拯救犯事村民的事情。保定府离出事的村庄大约 45 千米，那个“飞毛腿”为了救下即将被秋后问斩的村民，在一天之内徒步赶往保定府，打点完毕，将事情办妥，再徒步返回。据说他走路的时候不走大道，怕施展轻功的时候飞沙走石伤到无辜行人。当然，这些近百年的传说是真是假，只能存疑。

如果我们读《水浒传》，肯定对一个人印象深刻，他就是天速星神行太保戴宗。戴宗最大的本事就是在腿上贴上两张黄纸甲马送快递，日行五百到八百里，可称之为“飞毛腿”。其实，如果我们翻阅相关古代传说或者故事集锦，就会发现有很多神行太保这类“飞毛腿”的故事，甚至在官修的史书中，也记载了一些神行奇人的事迹。比如，战国时期的吴起在主导魏国变法时，提出军队的“练锐五要”之一就是“轻足善走”。吴起对全副武装士兵的要求是，从清晨出发到中午休息，必须奔跑到 50 千米之外，这种训练对要在战争中长途跋涉的士兵非常有用，而且经此训练，战国早期的魏武卒成了睥睨天下的一支劲旅，让秦国吃尽了苦头。还有南北朝时，北魏名将杨大眼把一根 10 米左右的长绳系在发髻上奔跑，绳直如矢，即使骑着马也追不上。南朝陈国的黄汝爽，一天之内可跑 150 千米以外。五代时的河北良乡人王进“走及奔马”，步行“往返太原到开封一千几百里，不过五六日”。

历史上当然存在着腿脚快捷、奔跑如风的奇人，同时这些民间传说反映了古代因为交通方式落后人们对速度提高的渴望。武林界是否存在轻功飞毛腿，我们暂不探讨，但是在我国古代确实有一类人以跑快腿为职业，这就是驿站信差。他们在宋代被称为“急脚子”，服务于国家驿站，专事传递官府公文、邸报。这些人大都是从当时的民间武艺社团组织“弓箭社”内选拔产生，足以说明当时的社会对跑走风习的重视。上文所述戴宗的最大本事就是送快递，其实他和“急脚子”是一类人。

古代信差

通过戴宗的故事，我们就会想到古代邮驿问题。前文我们提纲挈领地介绍了清代及以前邮驿系统的发展概况，从周代到清代数千年来，官方建设的邮驿系统遍布全国，邮亭、驿站星罗棋布，驿马、信差来往穿梭，维持起庞大帝国的信息传递功能。传递信件离不开人，而信件有轻重缓急之分，如果驿马等交通工具缺乏，且信件传递日期不那么紧张的话，徒步送信是一种节省成本的办法。徒步送信的信差即使在今天也不罕见，我们邮政系统的员工在交通不发达的小镇、山村，都是徒步翻山越岭，将信件递送到用户的家门口。

说起徒步信差，他们的起源可就早了。毫无疑问，世界上最著名的“飞毛腿”就是公元前490年希波战争中的斐迪庇第斯，他是古希腊军队中的一名普通士兵，因为善于长跑，有“飞毛腿”之称。当年的9月12日，希腊城邦和波斯帝国在马拉松海滩展开会战，希腊城邦取得了胜利，斐迪庇第斯一口气跑了40多千米，将胜利的消息告诉了雅典同胞，自己力竭身死。

在我国，“飞毛腿”信差出现得也很早，有据可查的是1975年在湖北省云梦县睡虎地出土的秦简，里面就记载了负责传递文书的“轻足”：“近县令轻足行其书，远县令邮行之”，意思是距离近的县，文书由走得快的人专程递送，距离远的县由驿站传送。而2002年在湖北省龙山县里耶镇出土的秦简里面出现了“邮人”和“邮利足”的记载，比如“迁陵以邮利足行洞庭，急”。邮人，我们已经很清楚就是送信人，那么“邮利足”指的是什么呢？其实，就是走路特别快的信差。

里耶秦简纪念邮票

无论是“轻足”，还是“邮利足”，或者后来的“步递”，在古代艰苦恶劣的交通条件下，他们的职业状况其实很令人同情。比如《淮南子》中记载：“道路辽远，霜雪亟集，短褐不完，人羸车弊，泥涂至膝，相携于道，奋首于路，身枕格而死。”虽然这些句子描绘的是跋涉远程的士兵惨状，但是也一样可以生动展现徒步信差的工作状况。宋代的徒步信差又叫作“步递”，他们除了传送公文之外，又有呈送官物、侍送游宦等任务，多项任务积压于一身，可谓艰苦，负重甚多，使得其工作效率非常低下。

北宋“三苏”之一的苏辙曾经谈到“步递”:“蜀道行于溪山之间，最号险恶。般（搬）茶至陕西，人力最苦。元丰之初，始以成都府路厢军数百人贴铺般运。不一二年，死亡略尽”“后遂添置递铺，十五里辄立一铺，招兵五十人，起屋六十间，官破钱一百五十六贯，益以民力，仅乃得成，今置百余铺矣”。可见，邮驿系统中“步递”铺兵的职业是“人力最苦”，工作环境“最是险恶”。

短途送信用“轻足”或者“步递”，长途送信就需要驿马急行军。人力和畜力相结合，才能最大限度地发挥邮驿的作用。如果遇见特别紧急的信件或者公文，那就需要更加特殊的邮驿方式——快递。递送加急信件，采取在驿站换人、换马传递的方式，人歇马停，而信件不能停。这种信息传递方式非常迅速，一般日行 150—250 千米，最快的有 350— 400 千米，能够保证将紧急信息在数天之内递送到目的地。例如按唐朝政府规定，要求快马一天行 90 千米左右，再快些的要求是日行 150 千米，最快的要求是日行 250 千米。天宝十四载（755 年）冬，安禄山在范阳起兵叛乱。当时唐玄宗正在长安的华清宫，两地相隔 1500 千米，6 日之内唐玄宗就获知这一消息，传递速度达到每天 250 千米。

紧急快递毕竟不同于一般邮件，要是将其和普通邮件业务掺杂在一起，势必影响效率，所以在宋代为了提高文书的传递效率，在驿站外另设急递铺，专门供快递之用，驿站只负责提供食宿。沈括的《梦溪笔谈》记载：“驿传旧有三等，曰步递、马递、急脚递。”步递，也就是“飞毛腿”信差，主要运送一般文书，日行 100 千米；马递运送紧急文书或物品，日行 150 千米；急脚递运送紧急军文，日行 200 千米，后又提高到 250 千米。急脚递中还有一种金牌急脚递，红漆金字，上书“御前文字，不得入铺”，这种文书每到一铺，铺卒需早早在铺前等候，交接后立刻赶往下一铺，并不入铺停留。《梦溪笔谈》中描述了传递的情况：“过如飞电，望之者无不避路。”据有关资料推算，北宋递铺约 6000 个，铺卒 10 万余人，南宋递铺约 3500 个，铺卒 5 万余人。需要说明的是，宋高宗赵构用 12 块金牌紧急召岳飞回京，用的就是“金牌急脚递”。

元朝的驿站总数虽和宋朝相差不多，但规模明显增大数倍，甚至数十倍。例如唐、宋的驿站用马最多 70 余匹，而元朝的大驿站用马动辄上千匹。元代急递铺的设置，各铺距离 5 千米、7.5 千米、12.5 千米不等。据《永乐大典》记载，当时“凡在属国，皆置驿传，星罗棋布，脉络相通，朝令夕至，声闻必达”。意大利旅行家鄂多利克曾记录下急递铺业务繁忙的景象：一些被指派的急差长期住在叫作急递铺的驿舍中，这些人腰缠一带，上悬许多铃子。那些驿舍彼此相距也许有三英里。一个急差接近驿舍时，他把铃子摇得大声叮当响，驿舍内等候的另一名急差听见后赶紧做准备，把信尽快地送往另一驿舍。于是消息从一名急差转给另一名急差，迄至它送抵大汗本人。如此，整个帝国内发生的事，他就能马上或者至少迅速地全部获悉。

明太祖洪武元年，明政府开始“置各处水马站及递运所、急递铺”。后来，水马站在洪武九年改名为水马驿，急递铺改名为通远铺。水马驿、递运所、通远铺是明朝邮驿系统的三大机构。急递铺一般处理普通公文，铺卒接到公文后，必须立即动身，步行走递，接力传送，昼夜不停，一昼夜需行 150 千米。明朝永乐年间，来自波斯的使者盖耶速丁描绘了当时的快递情景，急递铺指的是很多长期驻守在一个特殊地点的人户，他们的职责和工作是这样：当接到一封信件时，一个做好准备的人立刻把信件送往另一个急递铺，他又用同样的方法送往下一个，直到把信件送达都城。从一个急递铺到另一个急递铺，中间有 10 个固定的站，住在急递铺里的人永远在那里定居，他们在那里有家，从事耕垦。他们唯一的工作是一得到消息，就把它送到下一个急递铺。

元代急递铺令牌

在元代，“飞毛腿”信差经常走进诗人的作品之中，比如元代诗人张昱的《辇下曲》，就描写了徒步快递信差争先恐后送信并领赏的情景：“放教贵赤一齐行，平地风生有翅身。未解刻期争拜下，御前成个赏金银。”这里所说的“贵赤”就是“轻足”“邮利足”“飞毛腿”信差。

清代邮驿依各地路程远近及冲要偏僻情况之不同，因地制宜地设置了各种邮驿。《清会典》载：“凡置邮，曰驿、曰站、曰塘、曰台、曰所、曰铺，各量其途之冲僻而置焉”，驿、所（递运所）、铺（急递铺）均大体承前制，站、台、塘则是清代为加强边疆与内地的联系而特设的通信组织，名称因地域而不同，实质都是以飞报军情为主，兼有侦察、巡逻、运输等功能。至光绪年间，全国有驿、站、塘、台、所1969个，急递铺14316个，网络遍及边疆及内地。同时，驿骑的速度也大有提高，最快可日行300—350千米。到了清末，由于近代邮政的兴起，古老的邮驿系统也就走到了尽头，并随之消亡。

03 《邮驿令》：我国最早的邮驿法

◇ ……………………

2014 年，国家语言资源监测与研究中心公布了年度汉字——法。其实，我国自古以来就讲究法制，老百姓也会摇头晃脑地教育后辈说："没有规矩，不成方圆"。"国有国法，家有家规"，历朝历代都会颁布各种法律法规，如先秦的誓、诰，秦汉的令、诏，唐宋的格、敕，明朝的大诰、榜文，明清的条例……名目繁多，看着都晕。据《左传》记载，早在夏朝时，咱们的老祖宗就颁布了《禹刑》，那年月人们饭都吃不饱，就开始研究刑法了。

涉及邮驿方面的法律，得到 1000 多年后才诞生，始见于秦朝的《行书律》《传食律》、汉朝的《汉驿律令》等，其中都有车马驿路传递的相关规定，但它们不是完整意义的邮驿法。当时，与邮驿相关的法律法规不是散见于各种法律的不同条文之中，就是混于厩律之中。厩律是什么？就是有关牲畜饲养、管理和使用的法律。所以，早期的邮驿法就是这样的卑微，是"爹不疼娘不爱"的"路人法"，直到三国曹魏时期才得以咸鱼翻身。

东汉末年，天下大乱，军阀割据混战，民不聊生。傀儡汉献帝连自己的皇位都朝不保夕，哪还顾得上保护邮政业务！本来大汉王朝曾通过置、骑置和亭三者组合构成的邮驿交通，建立了畅达全境的邮驿系统，可到了建安年间，中央设置的邮驿系统已经倒的倒、残的残，或毁于战火，或疏于养护，或无人值守，或盗贼肆虐，于是逐渐荒废，形同虚设，致使“道路壅塞命不得通”。因为驿路阻断，中央和各地方政府的公文命令已经无法畅通地上传下达，这就不是写封信寄不到那么简单了，已经严重影响国家的正常运转，这种情况加速了早已腐朽不堪的东汉政权分崩离析。

乱世出英雄。建安十三年（208 年），经过 17 年的大小战事，曹操统一了中国北方。此后，曹魏政权一边对蜀吴用兵，一边积极恢复经济生产，稳定社会秩序的同时开始逐步完善法制，其中就包括对邮驿系统的修整。

首先出现的重大变革是书信的载体——便于书写和运输的纸普遍取代了笨重的竹木简牍。虽然造纸术的发明和改进出现在汉代，但纸的广泛应用是三国时期才开始的。政治家曹操敏锐地发现了这一历史性变革，很快将其用法规加以巩固。建安十一年（206 年），他制定了《掾属进得失令》，要求“自今诸掾属侍中别驾，常以月朔各进得失，纸书函封。主者朝，常给纸函各一”，明文规定政府公文须以纸函形式传递，给当时的政府公务员立下了国家标准。

《三国演义》邮票

魏文帝曹丕虽然打仗比不上曹操，但他在政治上很有想法。即位后，《魏略》记载他“改长安、谯、许昌、邺、洛阳为五都”。历史上通常一国一都，最多两都，他却破天荒地把长安、洛阳、许昌、邺、谯五个北方大都市发展成五个政治、经济、文化、军事重地，然后以“五都”为枢纽，打造了四通八达的邮驿通信网。

不过，这也不能怪曹丕“大开脑洞”，这种做法主要是基于三国鼎立时期背景下对政治和军事方面的考虑。东汉初年，邮（传）、驿两套机构已有合并的趋势，魏晋虽然沿用了汉代掌管邮递驿传的官署——法曹，但秦汉以来的邮、置等国家交通机构已在改朝换代之间逐渐衰落，慢慢地被驿站所取代，所以魏晋时期的亭传、邮亭任务已经基本合一。三国时期，由于诸侯争霸，战事频繁，军情紧急，推动驿骑迅速发展，政府公文基本全靠快马传递，而且“公文骑士”往往跑完全程，中途吃住都在驿站，只换马，不换人。有时碰上非常重要的文书，邮传人员甚至都没资格当信使，而由将领或官员充任。三国王粲在《英雄记》中记载：“太祖更遣奉车都尉王则为使者，赍诏书，又封平东将军印绶来拜布。”奉车都尉就是皇帝御用的“司机领队”。同时“步递”逐渐被淘汰，偶尔会有专人“健步”进行递送。《资治通鉴》解释说：“健步，能疾走者，今谓之急脚子，又谓之快行也。”即使步行，也极少接力，就算路程堪比马拉松，信使再苦再累也得单人跑完全程。

魏文帝曹丕

曹丕不但创作了我国最早的文艺理论批评专著《典论》，而且在律法建设上他也创下新的纪录。曹丕在位期间（220—226 年）命令大臣陈群等人，在研究《厩律》等法律法规的基础上，制定一部前无古人的邮驿法。《晋书》记载了这一法令的制定源起："秦世旧有厩置、乘传、副车、食厨，汉初承秦不改，后以费广稍省，故后汉但设骑置而无车马，则律犹著其文，则为虚设，故除《厩律》，取其可用合科者，以为《邮驿令》。"顾名思义，《邮驿令》就是邮驿方面的法令，这也说明曹魏时期的邮驿活动有了长足发展，政府非常重视，所以特地为其颁布了一部专门法，这就是我国最早的邮驿法。然而，历史的尘埃厚得超出我们的想象，因为年代久远，《邮驿令》原文件已经遗失殆尽，我们已无法了解它的全文内容，只能在后世的一些典籍中找到其被引用的只言片语。

在宋代著名类书《太平御览》中，我们可以看到这样几处引用："明听鼓音，旗幡麾前则前，麾后则后""闻雷鼓音举白幢绛旗，大小船皆进战，不进者斩"。这是曹操行军期间使用声光通信的相关规定，在那时可算得上比较发达的军事科技了。除此之外，已知的《邮驿令》的零星内容还包括"遣使于四方"的传舍规定，禁止与五侯交通的通邮禁令，紧急军情"羽檄"的"鸡毛信"制度等。

曹丕建立的魏国在历史上存在了短短 45 年，但他创立的《邮驿令》因具有里程碑的意义，对后世产生了深远的影响。比如南朝时的《南齐书》记载："陛下何惜匹马之驿"，《晋书》记载八王之乱时，"翊军校尉李含奔于长安，诈云受密诏，使河间王颙诛冏，因导以利谋。颙从之，上表曰：王室多故，祸难罔已……即日翊军校尉李含乘驿密至，宣腾诏旨"。可见那时的重要文书也是由将领专人递送，往返全程，中途换马不换人。这很可能是因为曹魏时"将领专送""单人全程"之类约定俗成的行政习惯，已固化为《邮驿令》中的法规条款，而两晋时承袭旧制，自然而然照令行事。

有了法令规范，东西两晋南北朝的邮驿继续良性发展。南朝《后汉书·舆服志》记载："东晋犹有邮驿共置，承受傍郡县文书。有邮有驿，行传以相付。县置屋二区。有承驿吏，皆条所受书，每月言上州郡。”说的是东晋的邮驿设有驿站专用房屋。唐代的《周书·韦孝宽传》记载，北周时期，驿站除了专用的驿马，还设置了酒肉饭食等供相关人员充饥。除了北方的陆上驿路，魏晋时期南方经济大发展，东吴、晋等南方政权对水上驿道进行了开拓。东晋常璩的《华阳国志·南中志》记载：“自僰道至朱提有水步道。”到了南朝的宋、梁时期，可以通过水上邮路从南京传信到四川，甚至到辽东。当时的水上邮路，一天可至数百里外，沿途设有“津驿”进行管理。那时公文传递的驿路，已然是“水陆两栖”了。

04 “家书抵万金”的古代私信

古代的信件，分为公文官信和民间私信两类。官方的公文等重要信函都有专门的邮驿递送，需缓则缓，需急则急，最急的可以采用日行八百里的专门快递；不急的就让“步递”走路送过去。这套邮驿系统宛若蔓延在帝国重要地区的蛛网血管，承担着繁重的信息交流职责。在秦汉以前，官文书占据统治地位，其邮递就成为合法合规的事情，而私人书信没有这样的权力，只能自己想办法解决。

公文官信有专门机构负责，那么涉及更多官员和民众的私信该如何递送呢？递送私信最早可以追溯到什么年代呢？实际上，私信出现的时间也非常古老，有人居住的地方，就会产生信息传递，或者口头捎信，或者修书一封，花样繁多，按需选择。

早在西周时期，私信传递就已经记载在《诗经》里了。比如《小雅·采薇》中写道：“忧心烈烈，载饥载渴，我戍未定，靡使归聘。”《匪风》曰：“谁将西归？怀之好音。”这两首诗歌描述了当时出征在外的士兵思念家中的亲人，但是因为交通的阻隔而不能相见的无奈，只能盼望着某个士兵回家的时候捎个口信以报平安的情形。由此可见，周代的私信往往是通过私人顺带捎传来实现的。到了春秋战国时期，贵族养士之风盛行，战国四公子齐国的孟尝君、赵国的平原君、魏国的信陵君和楚国的春申君各自养的门客多达千人，有一部分人专门承担着送信和情报工作。

战国后期至秦代，达官贵人有自己的私邮系统，而普通百姓没有这个能力，送信只能寄希望于同乡好友的捎带帮忙。比如在湖北睡虎地出土了一些秦代家书，是两名在外打仗的士兵给家里写信要钱要物的，这两封信很可能是通过服役期满的同乡士兵代为捎传的。

古代信差

到了汉代，私信传递依旧是没有合法的机构来承担，这种情况一直持续到宋代才得以解决。那么汉代的私信是怎么传递的呢？总结起来有四种办法，第一种办法就是某些官吏利用职务之便通过邮驿传送私人书信。实话实说，这种方式属于公器私用，不合规也不合法。西汉时，河南太守陈遵就经常召集善于书写的小吏为他拟写私信，“治私书谢京师故人”“书数百封，亲疏各有意”，一次就发数百封“私书”，这么多的信件，靠自己的仆役递送是不现实的，陈遵动用了驿传系统的邮传送信比较合理。这种公器私用的事情在南北朝时期更为严重，根据《魏书》记载，有一次北魏朝廷派遣官员元延到州界巡查，发现一个士兵都没有，就质问其队长高保愿，高队长很无奈地说，所有的兵士都被赵郡王元谧私自役使。元谧听后大怒，鞭打高保愿等五人各二百下。元谧私自使用官兵干私活，送信肯定是免不了的。

汉代民间送私信的第二种方法就是通过远方行客捎带。汉乐府有诗曰：“客从远方来，遗我一端绮”“客从远方来，遗我双鲤鱼”，又有“客从远方来，遗我一书札”，都展示了私人帮忙送信的情景。其中，送“双鲤鱼”的诗句是东汉大文学家蔡邕所作，说的是有远方来客，送给蔡邕一对鲤鱼，命儿辈剖开鲤鱼烹食，却发现鱼腹中有一尺长的帛书。朋友在书信上劝他多加餐饭，还表达了长久的思念之情。这就是古代“鲤鱼传书”的典故。这首诗中的“双鲤鱼”也不一定是真的鲤鱼，很有可能是用两块板拼起来的木刻鲤鱼。在东汉蔡伦发明造纸术之前，写有书信的竹简、木牍或尺素是夹在两块木板里的，而这两块木板被刻成鲤鱼的形状，便成了诗中的“双鲤鱼”。两块鲤鱼形木板合在一起，用绳子在木板上的三道线槽内捆绕三圈，再穿过一个方孔缚住，在打结的地方用极细的黏土封好，盖上玺印，可防止送信途中信件被私拆。

第三种方法就是专人送信。比如东汉官员延笃在《答张奂书》中写道：“伯英来，惠书盈四纸，读之三复，喜不可言。”而同时代的马融在《与窦伯向书》中写道：“孟陵奴来，赐书，见手迹，欢喜何量，见于面也。”其中的伯英、孟陵奴就为专门派遣的送信人员。但是依靠私人送信非常不靠谱，遇见有责任心的人还可以将信送到，遇见不负责任的人，那只能自认倒霉了。比如《世说新语》里面就记载了一件事情，东晋时殷羡奉命担任豫章（今江西南昌）太守，临走之前，位于京都建康（今南京市）的人士托他捎带百余封私人信件。他带着这百余封信刚走到石头城，就把这些信全部投入长江之中，并且自言自语地说：“浮者自浮，沉者自沉，殷洪乔不能作致书邮。”东晋时出了很多个性鲜明、特立独行的名士，殷羡算是令人比较无语的一个。

隋唐时代实现了全国的统一，私信传递方式也悄然发生了变化。首先，在唐初官方邮驿系统不再排斥私信，从唐高祖李渊就开始允许官员通过官方邮驿系统夹带私信。此口一开，延续了整个唐代。另外，为了满足私信大规模传递的需要，官员们还专门建立了私人邮驿系统，独立于官办之外。在满足自己私信传递要求的基础上，还能私器公用，协助收集民间大量的生产和生活信息。比如在安史之乱中脱颖而出的宰相刘晏，他是唐代著名的经济学家，通过自己建立的私邮，高价招募善于长途奔走的人，设置递铺，查询各地物价，调控各地市场，保证了战时朝廷的财政收入，为挽救唐王朝立下了不朽功勋。

再者，唐代私信传递还通过天南海北的商旅进行，这种情形在唐代诗歌中多有体现。民间对私信传递的需求是很大的，因此除上述三种方法之外，又出现了第四种方法，那就是民间私邮的兴起。捎信的商旅团队应该是第一批吃螃蟹的人，他们看到私信业务隐含着很多赚钱机会，而官方也不禁止，就打起了自己筹钱开驿站的主意，很快民间私邮就快速发展起来，这些私邮既能承担递送私信的职责，也能够为来往客人提供食宿，兼具送信和旅店的双重功能。

由此在全国范围内兴起了建造旅邸的热潮。史书记载："东至宋、汴，西至岐州，夹路列店肆待客，酒馔丰溢……南诣荆、襄，北至太原、范阳，西至蜀川、凉府，皆有店肆，以供商旅。远适数千里，不持寸刃。"当时开私邮最有名的当属唐代定州一位叫何明远的大富豪，他除了主管官方开办的三个驿所之外，还近水楼台地在驿舍旁边开设了私人客店接待商旅，赚取了巨万家产。不但唐朝人开办这类私邮驿站，连当时的外国人也想分一杯羹，于是出现了不少"胡人店""波斯店"。私邮驿站除了提供食宿之外，还为客人提供"驿驴"，供其差遣使用。

而从宋代开始出台法律，对民间私邮进行了统一管理。宋朝官员的"私书附递"成为政府明文规定，从此通信范围急剧扩大，成为我国邮驿制度史上的一次重大变革。宋代将私邮法律化开始于北宋太宗雍熙二年（985 年），太宗皇帝刚刚即位，为笼络士大夫官员，特别恩准官员在近系家属之间可以随官方文书一起传带家信。到了宋仁宗景祐三年（1036 年），官方又将这种措施扩大到各个阶层官员，大大方便了私信的传递，由此书信传递繁多起来，而文学创作因此水涨船高，这在一定程度上促进了宋代文学的发展和进步。当然，朝廷允许公器私用方便了官员的书信来往，但"坑死"了驿卒，因为大量私信的涌入，给他们的工作造成了沉重的负担，可谓有利有弊。

宋代官员之间的私信通过官方的邮驿系统进行传递，在一定程度上解决了知识分子阶层之间的通信问题，但大大加重了邮驿负担，影响正常公文、急件的递送。而民间的私信递送依旧没能妥善解决，仅靠商旅和专人递送，一来不方便，二来也不安全，如果遇见道路险阻，有时候信件在路上要走一年时间，如果遇见殷羡这样不靠谱的送信人，那只有自认倒霉了。而这种情况在明代及以后逐步得到了解决。

在明代，除了官方复杂的邮驿系统之外，出现了一个新兴事物，叫“民信局”，其肇始于明代永乐年间。那时由于商品经济的发展，不少大商人间需要建立业务上的联系，以保证货物的安全集散和资金的汇兑，这些工作千头万绪，需要专门的组织来承担和解决，这个联营的组织就是民信局的前身。根据学者的研究成果，明朝永乐年间在四川居住着一批湖北麻城、孝感地区的移民，他们长年在外，于是自发地组织了同乡协会，每年约集同乡，举行一次集会，并在会上推选出代表，返回家乡探望一次。届时，在外的游子们托付代表带着家信返回家乡，并捎带家乡特产返回。久而久之，他们建立了俗称“麻城约”的固定组织。“麻城约”多以运带货物为主，同时捎带书信。从“麻城约”开始，民信局逐渐形成气候。

民信局的诞生还有另外一种说法，有的学者认为它起源于浙江绍兴、宁波等沿海地区。在明代官场多用绍兴人当幕僚，俗称“绍兴师爷”。他们分散在各省督抚巡按衙门中，广泛联系，形成一种民间组织。他们互相之间经常有书信往来，逐渐形成了初期的民信机构。另外，宁波是绍兴的出海口岸和通信枢纽，加上宁波人经商的很多，他们也需要一个能经常进行信息交流和货物集散的机构，于是民信组织应运而生。

清同治、光绪年间，民信局进入全盛时期。全国大小民信局已达数千家，有雄厚实力的在商业中心上海设总店，各地设分店和代办店。各民信局间虽无隶属关系，但彼此协作、互换互递，构成民间通信网。清末民初，由于中外商务勃兴，在沿江沿海各口岸或大小城市，民信局星罗棋布，成为中国通信及商业的一大特色。清光绪二十二年（1896 年），大清邮政局开办，全国向国家邮政部门登记的民信局有 300 余家，其中上海 70 家，次年达到 77 家，居全国首位。

根据《新民晚报》提供的资料，民信局的业务范围主要是传递信件、包裹、钱款及票据，部分民信局还兼营运送货物。邮费金额分两种，一种叫“酒力”，即普通邮费，另一种叫“号金”，即邮件保险费。邮费标准由各民信局自定。邮费支付方式有三种：一是寄件人全部预付，二是寄件人和收件人各付一半，三是全部由收件人承付。对老顾客，邮费可先记账，按月、按季或按年结算，还可打折扣。收寄发往外地的邮件，各通商口岸的邮件由北区的民信局通过江海轮船带运，内河地区的邮件主要由南区的民信局发运。

除民信局一类的公司外，还有个体户，叫“信客”，出现于上海开埠后，主要从事民间通信传递。其经营者多为宁波人，大多单干，也有二三人合伙，主要在上海、浙江间传递书信和钱钞货物。民信局顾及不到的荒僻村落，有的信客会去承接业务。他们受到在沪宁波、绍兴、台州等商人的信任，业务量也很大，收入不菲。1907 年，上海有信客 320 人。大清邮政局开办后，限制了信客的活动。1934 年，上海邮政管理局限令信客停业，少数信客继续经营，到 1958 年绝迹。

民信局的开办确实在很大程度上解决了民间通信问题，《申报》评价：“夫信局之设也，不徒能代寄音信而已，又可附寄货物，满筐盈箱，兑会银钱，积千累万，虽千里亦若面谈，而万件均同手授，且为时亦不至十分延迟。是信局之设，于事甚为稳妥，计时甚为捷速，岂有更便于此者乎！”然而，随着民信局业务的增多，同行竞争也日趋激烈，大小民信局如雨后春笋般开办了起来，大量的民力涌进这个行业，成本日趋增加，市场僧多粥少，有些黑心的民信局就采取讹诈手段高价盘剥客户，饮鸩止渴，使得民信局逐渐百病丛生，在一定程度上加速了其消亡。

待大清邮局成立之后，就开始着手清理民信局，在竞争的同时，逐步采取控制以致取缔。大清邮局先是规定：“凡轮船、火车所通之处，来往递送包封信件，均交邮政局代寄，不准民局私带，违者罚款”，把民信局活动限制在不通轮船和火车的地区。接着就采取与各商家签订传递信件合同的办法，把传递信件业务全部从民信局手中夺了过来。以上海为例，到 1933 年 11 月，官办邮政取得绝对优势地位，民信局无力竞争。根据交通部邮政总局指令，上海邮政管理局通告上海的民信局，限定于 1934 年年底全部停止营业，全市 61 家民信局停业。1935 年，上海邮政再次通告，加强稽查，民信局全部停业。在多重打击之下，绵延了数百年之久的民信局最终走上了没落，将业务拱手让给了更加现代化的近代邮政局。

05 《驿使图》与丝绸之路邮驿

◇ ……………………

有一类中国邮政储蓄银行卡的卡面上绘有古代骑马信差的形象，信差骑乘的骏马四蹄翻飞，奔跑正酣，而信差右手握缰绳，左手举木简，说明正在送信的途中。这幅图名为《驿使图》，它出自20世纪70年代甘肃嘉峪关新城魏晋墓出土的画像砖，是魏晋时期丝绸之路上古代邮驿的真实体现，几十年来广为流传，深入人心。《驿使图》里面包含了很多古代丝绸之路的邮驿信息，具有重大的历史和考古价值。

我国既是"一带一路"的倡议者，也是坚定推进"一带一路"建设的行动派、实干家。通过多边合作，遵照"共商、共建、共享"的原则，实现丝路沿线国家多赢的格局，是对构建人类命运共同体的践行。虽然丝绸之路最初的创建离不开2000多年前西汉武帝的宏图大略和张骞十多年的探索与坚守，但是"丝绸之路"这一名称出现得已经很晚了。19世纪末，德国地质学家、地理学家李希霍芬出版了一本书叫作《中国：一个人旅行的结果和在这个基础上的研究》，首次提出从公元前114年至公元127年间，中国与中亚、中国与印度间以丝绸贸易为媒介的这条西域交通道路为"丝绸之路"，这是一条横亘于欧亚内陆腹心地带的大通道，宛如一条丝带连接着东西方文明。

自从张骞打通西域之后，公元前121年，西汉王朝在河西走廊陆续设置了武威、张掖、酒泉、敦煌四郡，先后派出20多万军队屯田戍边，有事则战，无事则耕。随着军队的驻扎，邮驿系统在沿途建立，五里一邮，十里一亭，三十里一驿，保证了国家政治、军事、商贸、文化活动的顺利开展。此后，西汉在敦煌之西分设了玉门关、阳关，建立了扼控天山南北的军事要塞和前进基地，通过几次大的军事行动，对匈奴部落给予了沉重打击，后设立西域都护府，保障了丝绸之路的畅通。丝绸之路上，文化交流络绎不绝，经济往来摩肩接踵，中原的丝绸、陶器、茶叶等，还有各种技术，源源不断地运往西域并走向世界，西域的名马、鸵鸟、蔬菜瓜果如水奔大海进入中原，河西走廊“人民炽盛、牛马布野”。

汉代在丝绸之路上设置的邮驿机构主要分为邮、亭、传、释、置，都是汉代河西走廊上的信息传递机构。烽燧作为一种特殊的信息传递工具与各邮驿机构构成边塞防御体系，共同承担着传递信息的职能。汉帝国的“置”不仅是传输公文政令的驿站，而且是军需物资的转运站，同时也是往来公务人员的接待站。置，也就是驿站，是古代邮驿系统的重要组成部分，一般由官方设立，是承担中央政令下达、地方文书上传以及军情传递任务的场所。来往奔波的驿使在此处换马、食宿，甚至承担一定使命的往来官员也会途中在此食宿、整顿。驿站具有传递迅速的优点，通常以轻车快马为主，能够保证信息传递的速度与效率。在邮驿系统的主干线上，沿途驿站预先为兼程来往的邮驿备好换乘的马匹，保证紧急文书和军事情报能够以最快的速度传递到信息接收者手中。从首都到边关，从中央到地方，中央政令下达、基层情报上送、政府往来人员的接待等工作，都是由各地、各级驿站层层完成的。

丝绸之路从长安至敦煌近2000千米的距离，分为京畿段、安定段、武威段、张掖段、酒泉段和敦煌段，除了300千米的空白段外，其余1700千米的路段上，共设置了45个驿置，其中河西四郡有35个，安定和京畿有记载的10个。驿置是汉代驿传机构名称，“置”一般相当于县级，多称作“县置”，主要建于烽燧旁，是主管信件传递、接待宾客等的独立机构。下设有置、厩、传舍、厨等分支机构，设有啬夫、丞、令史、邮书令史、佐、驿卒、郡府特派置监等官吏。

邮驿系统被誉为“国家血脉”，丝绸之路上邮驿系统的设置和运转问题，在20世纪90年代于敦煌悬泉置考古发掘的大量汉简中得到了部分答案。公元前94年，西汉王朝在悬泉设立了专事传递公文、邮件并接待过往官差、使节、军队的重要机构——悬泉置，历经西汉、东汉，到魏晋时期，前后延续近400年之久，见证了数百年邮驿系统的兴衰。

悬泉置遗址

悬泉置地处河西走廊最北端，隶属汉帝国河西重镇敦煌郡，是一个在悬泉设置的政府机构。悬泉置由置、厩、传舍、厨等四大机构组成。其中的传舍就是供来往使者住宿之所。“厨”指的是厨房，即传舍所在地用以供信差及使者饮食的场所。据出土的汉简记载，西汉末年时，悬泉置有右令史以下100余人，马匹100余匹，月用粮食7100余石，一次接待人员有310多人，库存饮酒杯有200多只。那个时候，驿使统一着装，头戴红头巾，臂着红色套袖，身背赤白囊，醒目地奔驰在驿道上。步传每天可走四五十里，车传每天可走七十里，马传每天可走三四百里。而且传递方式是接力交接式的，人马歇息，公文不得停留，必须接力以最快的速度传递到下一个邮驿。当时，从金城郡（今兰州市）快马传递公文到长安，计算为725千米，7天就可以跑一个来回。

悬泉置的最高行政长官是“置啬夫”。“啬夫”是秦帝国与汉帝国时代县级以下官员的称谓。悬泉置由敦煌郡太守派员监领，置啬夫管理日常工作，并有官徒卒御 37 人，传车 15 辆，传马 40 匹，还有一些官牛和牛车以备不时之需。毫无疑问，传送军情急报和公务信件是悬泉置的一项基本任务。除此之外，悬泉置还具备比较强大的接待功能，经过悬泉置的众多过客包括汉帝国统治者派遣的中央或地方政府官员，西域各国往来的使臣，归附汉帝国的少数民族，被流放的官家奴婢以及政府统一安置的流民、刑徒、屯田的兵役等。

据简牍记载，丝绸之路繁荣时，一次接待于阗王，其从者多达 1600 人，仅用坏的杯子就有 300 多个。在接待乌孙国公主的时候，规格也非常高，使用了地毯等贵重物品。汉代的邮驿系统很复杂，设点多，管理的官员不少，雇佣的劳役人员也数以万计，诚然所需要的经费也是天文数字。邮驿系统的支出费用主要包括修路造桥、建筑传舍、养马、雇佣卒役，以及各种平时生活开支等。

对悬泉置这类驿站的管理主要有中央管理机构和地方管理机构两个层级。在汉帝国中央政府的“三公九卿”中，“三公”的太尉府中的法曹是驿站的主管人，负责驿站管理制度的制定以及日常管理。御史大夫兼管驿站，负责对驿站使者的凭证进行监督检查。“九卿”中的许多官员也直接或间接管理驿站。比如，少府中的尚书令和符节令，便是专管政府公文收发和符节的分发和管理。大鸿胪，兼管邮使的接待。御史大夫也兼管邮传，对邮传使者的凭证进行监察。和邮传关系最直接的是九卿中的卫尉，他的属下有一官员叫“公车司马令”，负责接待由传车征召来上书的民间贤士。地方管理机构包括州、郡、县三级管理。郡太守下辖“督邮”官职，主管驿传各项事宜，并监督本郡部署。《三国演义》中，张飞痛打督邮，打的就是这个管邮驿的小官。

悬泉置的管理层级是如何进行具体传递信息的呢？在汉代，邮驿传递方式主要分为步递、马递和车递。在丝绸之路上也主要以马递、车递和步递这三种方式为主。根据邮件的传递方式，具体又分为“以次行”“以亭行”“以邮行”“县次行”“燧次行”“轻足行”

“吏马驰行”等。根据相关学者对出土的汉简分析可知，文书传送距离超出了本郡的是“吏马驰行”和“以邮行”，这两种方式主要采用马递传递紧急、重要的文书或物资。在郡内各县传递一般文书的传递方式是“以次行”，使用的交通工具比较广泛。而“县次行”“以亭行”“燧次行”分别是以县、亭、烽燧作为逐个的信息传递点，传递工具目前尚不能确定。“轻足行”是在近县传递，采用步递。另外，汉帝国为了保障邮驿体系有效运行，启用了各种通行凭证——符、传、节、棨信（传信的符证）、致、过所等，也是主要的邮驿通行证，驿使通过这些通行凭证证明自己的身份，享有沿线驿站提供的方便。

悬泉置汉简

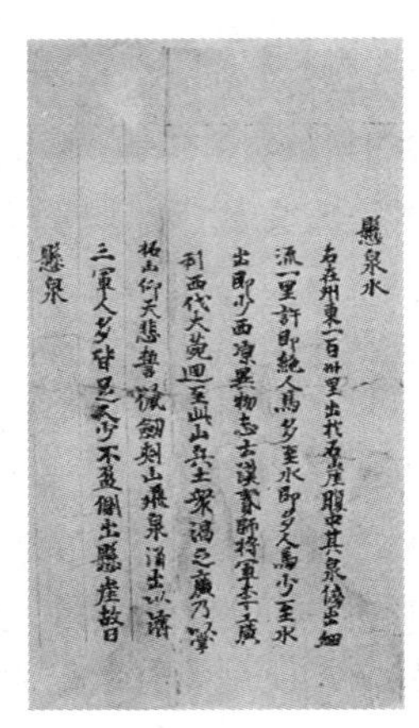

懸泉水
右在州東一百卅里出於石崖腹中其泉傍出細
流一里許即絶人馬多至水即多人馬少至水
出即少西涼異物志云漢貳師將軍李廣
利西伐大宛迴至此山兵士渴乏廣乃以掌
拓山仰天悲誓以佩劍刺山飛泉涌出以濟
三軍人多皆足人少不盈側出懸崖故曰
懸泉

悬泉置汉纸文书

信息传递的方式很重要，而保证信息安全的措施更加重要。在汉代，所有传递的文书都要进行封检。封检是汉王朝用来封缄简牍文书的用品，普遍材质是木板，做法是在木板上刻齿或涂上封泥，用绳子束缚好后盖上印章。检验文书在传递过程中是否外泄和作假的标准就是看封泥是否完好无损，这是所传递文书本身具有真实性和权威性的凭证。悬泉置出土的汉简中不仅显示了汉代的文书检署制度，还有严格的登记制度，对文书的传递分为“限时传递”和“分段传递”，这样便确保了信息传递的高效性和准确性。

经过魏晋南北朝长达400年的分裂和战乱，丝绸之路在唐代重新焕发生机。唐代在丝绸之路上设置驿站也毫不含糊，基本上是五里一亭，十里一驿。除在丝绸之路通道上设置陆路邮驿外，还在水路设水驿，并设驿田、驿长，置备车、马、船等交通工具，指派杂役驿夫供差使。唐代边塞诗人岑参描述驿站的繁忙景象：“一驿过一驿，驿骑如星流。平明发咸阳，暮及陇山头。”杜甫在《春陵行》中写道：“邮亭传急符，来往急相追”，这都是对唐代丝绸之路驿站繁忙工作的真实刻画。

唐代之后，丝绸之路上的驿站也随着王朝兴衰时有时废，直到近代邮政的兴起，古老丝绸之路上的邮驿系统彻底成为历史，埋没在漫漫黄沙之中，凝固成了一段漫长的与文化交流相关的回忆。

06 大唐历史上的最传奇快递

◇ ………………

盛夏的朝阳，唤醒了长安；盛夏的晨风，唤醒了骊山，这是8世纪的大唐。天宝年间的盛唐气象，很多当代电影大片中的镜头就有还原。跟随镜头临高远望，只见骊山上郁郁葱葱，花团锦簇，富丽堂皇的深宫大殿掩映其间，显得更具皇家风范。山顶上那座雄伟壮观的行宫进入眼帘，随着镜头向前推进，本来紧闭的宫门忽然一道接一道地缓缓打开。镜头突然跳至宫外的一条古道，马蹄声由远而近，一名特使快马加鞭，风驰电掣而来，身后只剩一阵尘土飞扬。镜头最终定格在一个特写：风华绝代的杨贵妃嫣然一笑，信手捏起了一颗荔枝……

《唐国史补》记载："杨贵妃生于蜀，好食荔枝，南海所生，尤胜蜀者，故每岁飞驰以进。然方暑而熟，经宿则败，后人皆不知之。"这有何难？唐玄宗一道命令，于是千里驰贡，一骑绝尘，量大国物力，博美人欢心。史书中记载的这一传奇往事，在诗人杜牧的笔下变成了一首千古绝句："长安回望绣成堆，山顶千门次第开。一骑红尘妃子笑，无人知是荔枝来。"

作者杜牧出生时，距杨贵妃在马嵬坡香消玉殒，已经过去了半个世纪，但他的文字描述如电影镜头一般，令人不由得感觉诗人当时就站在运送荔枝的驿路旁，亲眼见证了我国史上最传奇的快递。

从“妃子笑”这三字我们可想而知，这一快递最终收获了买家的“五星好评”，原因只有一个字——快！那么到底有多快呢？《新唐书》中如此描述：“乃置骑传送，走数千里，味未变，已至京师。”通过《舆地纪胜》的史料，我们可以查看到的“物流信息”是“杨妃嗜生荔枝，诏驿自涪陵，由达州，取西乡，入子午谷，至长安才三日，色香俱未变”。从涪陵到达州，再到西乡（陕西），最后抵达长安，全程约1000千米，三天送达，每日行超过300千米。这就是中国古代最快的快递——“八百里加急”，这比秦汉时期的“至速”（每日200千米）几乎提速一倍，离《魏书》里传说级宝马的“日行千里”也不远了。这样的“盛唐速度”，他们是如何做到的呢？这就不得不提唐朝高度发达的邮驿系统了。

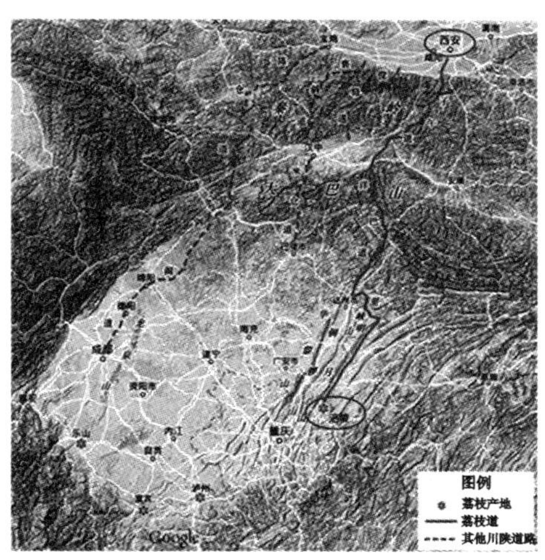

专门开辟的从南到北专运荔枝的“荔枝道”

唐朝的前代隋朝是个短命朝代，关于邮驿系统的记载不多，但留存下来的零星史料足以使人感受到当时邮传的效率。如《隋书》记载，隋炀帝亲征高句丽，30万大军就是凭借邮驿来集结的；杨玄感叛乱，隋炀帝两次发兵讨伐，都依靠全国的驿路。在这样的良好基础上，李唐建国后，邮驿制度更趋完善。

唐朝的邮驿星罗棋布，遍设神州，分为陆驿、水驿、水陆兼办三种方式。柳宗元在《馆驿使壁记》中记载，唐时以首都长安为中心，有7条重要的驿道，呈放射状通达全国各地：第一条是从长安到西域的西北驿路，经泾州（今甘肃泾川北）、鄯州（今青海乐都）等地，终达安西都护府（今库车）；第二条是从长安到西南的驿路，经利州（今四川广元）、剑州（今四川剑阁）等地，终达今川藏地区；第三条是从长安至岭南的驿路，经襄州（今湖北襄樊）、虔州（今江西赣州）等地，终达广州；第四条是从长安至江浙福建的驿路，经越州（今浙江绍兴）、衢州（今浙江衢江区）等地，终达福建泉州；第五条是从长安到北方草原地区的驿路，经同州（今陕西大荔）、朔州（今山西朔州朔城区）等地，终达北方单于都护府。其他两条各自长安至山东、东北地区和荆州、四川云贵地区。由于大唐国力强盛，这些邮路宽敞平整，保证了政令的畅通。在这四通八达的驿路上，通常每30里设一驿，玄宗时期，全国共有多达1639个驿站，其中水驿260个，陆驿1297个。

在中央和地方，都设有专职的邮驿官吏。我国现有最早的一部行政法典《唐六典》记载，中央六部之中，兵部下设驾部郎中一职，专管国家的驾舆和驿传，同时也管马政，便于邮驿中马匹的统一调度。在地方，诸道节度使下，有专管邮驿的馆驿巡官四名；各州由州兵曹司兵参军分掌邮驿；到县则县令兼管驿事。到乡一级，《通典》记载，唐玄宗以前，主理驿务的称为驿将，本不固定，由当地富豪之家兼任，唐肃宗以后改由政府任命驿长主管。全国专门从事邮驿事务的邮官、驿丁一度达2万多人，他们在总计约25000千米驿程的邮路上昼夜疾驰，以最快速度将官方文书和函件传送到帝国的天南海北。

如此完备的基础设施和官吏配置，放到今天，堪比快递公司在全国各地建立的细致到乡镇一级的城配中心、转运中心等物流网点，而且还配备了各级物流主管和基层员工，建立起了贯通南北东西的庞大物流网络。

不过唐朝时的驿站，其规模可比现在的物流网点大得多：各驿站都有驿舍，驿舍“标配”有驿马、驿船和驿田。《唐六典》规定，陆驿上等驿每驿配马60—75匹，中等驿配18—45匹，下等驿配8—12匹。马不够怎么办？驴来凑。的确，有的驿站还配有驿驴。水驿则配备驿船，每驿1—4艘不等。那驿田是怎么回事呢？用来种植苜蓿等作物，作为驿马的饲料，其他农作物收成还能保证邮驿的正常开支。据"宋四大书"之首的《册府元龟》记载，唐朝上等驿配有田多达2400亩，下等驿也有720亩。

褒城驿雪景

想知道唐代驿站具体长什么样子，可以去陕西汉中褒城驿看一看。作为与长城、大运河比肩的"中国第三大建筑奇迹"，褒城驿可以说就是一座园林。褒城驿里面有亭台楼榭，有沼池舟船，有田舍可以休憩，有小山可以攀登，有大池可以垂钓，有流水可以泛舟，还有千竿竹、万树梨……可以想象，在驿路上辛苦奔波了一日或数日的"邮递员"，来到这风光秀丽、环境优雅的地方，该有多么惬意舒爽！南来北往的很多官员也爱在此停留，当中不乏一些著名诗人，所以唐代咏叹褒城驿的诗作有很多。诗圣杜甫就在《通泉驿南去通泉县十五里山水作》中写道："驿楼衰柳侧，县郭轻烟畔。一川何绮丽，尽目穷壮观。"唐代文人孙樵在《书褒城驿壁》一文中给出了"天下第一驿"的评价。

作为政府信息、物流网络的重要组成部分，邮驿系统"公务员"的待遇非常不错。当时有个叫"驿税"的专门税种，政府每年在全国范围内收取驿税，并划拨到各地驿站，据记载，平均每个驿站约能分到1100贯的工作经费。再加上驿田的产出，连基层邮驿的驿长，也能过上富足的生活。

关于邮驿的行程，唐朝明文规定：水驿逆水行船40里，顺水须达100至150里；马日走4驿至6驿，按每30里一驿算，就是日走120里至180里；如果是急件，要求日驰10驿，相当于跑300里；更急的如送赦书，则要日行500里，约16驿；连步行“邮递员”都要求日行50里——这可是纯脚力活儿。柳宗元在《馆驿使壁记》中描述了邮官的忙碌：“告至告去之役，不绝于道；寓望迎劳之礼，无旷于日。”

不过，也有忙里偷闲的一类人存在。赵嘏的《赠馆驿刘巡官》诗云：“云别青山马踏尘，负才难觅作闲人。莫言馆驿无公事，诗酒能消一半春。”说的就是在太平时期，个别小站驿长每天上班没什么公事。于是，相应的考核制度出台。《唐会要》记载，唐宪宗元和年间，曾让各道观察使任命判官，到各州县考核邮驿事务，听取官吏述职，对尽忠职守者进行奖励，有违法乱纪行为的则进行惩罚。除了常规考核，还有不定期巡察，唐玄宗、肃宗、代宗时，都曾派政府大员到各地视察邮驿情况。《唐国史补》中记载了关于耽误签发文书的案例：一名负责签发公文的员外郎，在处理一个从河北发配到岭南囚犯的文书时，本应该向河北、岭南两地发文，却因夜间疏忽，只发了岭南一地，而河北未发。事发之后，这名官员遭到了撤职处分。

其他的各种条条框框，也制定得非常详细，比如法律要求驿丁到达驿站后，必须更换马匹才能继续前行，若不换马则杖责八十；凡在驿途中耽搁了行程的，如“应遣而不遣者”，杖责一百；文书晚到一天，杖责八十，晚到两天，杖责一百六，以此类推，到打无可打时，则处徒刑两年；如果耽误的是紧急军情那更不得了，罪加三等；如果因军事文书延误导致战事失败，或因遗失公文而泄露重大机密者，则处以绞刑。

为保障邮驿的正常运行，唐政府在各驿站设有驿防兵。唐代宗时在洛阳至淮河的运河两岸，每两驿置驿防兵300人。据不完全统计，当时全国的驿防兵至少有1万人。

现在回过头来看，前文所说的“史上最传奇快递”，其本质是建立在大唐盛世强盛国力的基础上，靠发达完备的邮驿系统而达成的。其实，不止杨贵妃吃的荔枝，那时的人们已经开始流行用快递运送生鲜特产。当时平原郡（今山东境内）进贡的螃蟹，便是使用快递。据段成式在《酉阳杂俎》中的描述，这种蟹只能在河间一带捕捉，在当时一只蟹价值一百钱，算是很贵重的美食。为了保证王公贵族能吃到活蟹，每年进贡时都用毡子密封起来，用驿马快递到京城。这么看来，皇上给杨贵妃送荔枝的快递业务，也算是“物尽其用”。

随着安史之乱的爆发，玄宗出逃途中，杨贵妃魂归马嵬坡，此前专供荔枝快递而建的“荔枝道”掩埋在历史的尘埃之中，但杜牧诗中的“买家好评”是如此脍炙人口，以至于1000多年后的今天，市场上某个品种的荔枝，就被命名为——“妃子笑”。

07 “舟驿天下”的水驿制度

◇

在古代，化石能源尚未被开发利用之前，生物质、水是被利用最多的能源。就交通而言，如今是海陆空立体交通模式，而在工业革命之前，只能局限于水陆二维平面交通。陆路交通凭借的是快马、车辆；水上交通凭借的是船舶舟楫。既然有水路，那么依靠船只送信就是顺理成章的事情了。史籍上没有明确记载春秋之前水驿的情况，但是在战国时代，可以根据考古文物推测，当时水驿已经成为邮驿系统的重要组成部分。

安徽寿县曾经出土过四块“鄂君启节”，这是战国时代楚怀王给封地在今湖北鄂城的鄂君“启”用于水陆两路运输货物的免税通行证。鄂君启节有三块用于陆路运输，称之为“车节”；一块用于水路运输，称之为“舟节”。舟节文字规定：“屯三舟为一舸，五十舸”，所通行的水路以长江、汉水水系为主，东至邢沟，西至汉江上游，南则沿着湘、资、沅、澧、庐诸水，也分别可至上游。可以想见，战国时代在楚国这个水系发达的国家，水上交

鄂君启节

通已经颇具规模。这么庞大的水上交通体系，水驿系统当然也有一定程度的发展。

水驿的充分发展是在唐代。而京杭大运河的成功开凿，为大唐构建南北贯通的水驿系统提供了便利条件。唐代继隋而定天下，坐享运河之利。北自涿郡，南达杭州，运道大通。另外，长江、黄河汇通东西，水上交通极为便利，建设水驿水到渠成，且非常迫切。水驿有广义与狭义之分，广义的水驿指包括水路驿站及其所依托的水路航道在内的水上驿传系统；狭义的水驿仅指水路驿站。另外，水驿这个名称首次出现于唐代，据《唐六典》记载：“天下凡一千六百三十有九所，二百六十所水驿，一千二百九十七所陆驿，八十六所水陆相兼。”

经过统计，唐代有名的水驿主要有：横水驿、戏水驿、甘水驿、敷水驿、滋水驿、寿安水馆、濠州水馆、淮阴水馆、扬州水馆、夷陵水馆、溢浦沙头水馆、长乐水馆、婺州水馆、盘豆驿水馆等。这些水驿中，除戏水驿、甘水驿、敷水驿、滋水驿、长乐水馆设置在长安、洛阳附近的河流上以外，其他各驿均分布在今安徽、湖北、江苏、江西、浙江境内的江河上，体现出水驿依水而建的特点。

唐代的水驿分为三等，事务繁忙的水驿配备 12 名驿夫和 4 只船，事务不多的水驿配备 9 名驿夫和 3 只船，而事务最少的水驿只需要 6 名驿夫和 2 只船就足够了。唐代的涪州水驿就规定“站船三只，水手六名，桡夫十八名，每岁支银四百九十六两八钱。”可见，这个水驿属于事务不那么繁忙的水上驿站。唐代对邮驿的行程也有明文规定：“水驿：逆水行重舟时，河行每日 30 里，江行每日 40 里，其他 45 里；空舟行驶，则河行 40 里，江行 50 里，其他 60 里；顺水中，则不管轻重舟，一律规定江河一日 100 至 150 里。不按规定办事的要受到处分。”

宋代的水驿也比较发达，朝廷在江陵与桂林之间就设有若干水递铺，衙署利用两湖及广西沿江数千渔民、樵夫充任“水递铺夫”。元朝在南方水运发达的地区，主要采用水驿运输，有水驿 420 余处，备驿船 5920 多艘。其中重庆至宜昌段共设水驿 14 处。明代凡是设置水驿的地方，配备船的数量根据需要有所不同。一般主要水路配备船20只、15只或者10只，旁支水路一般配备船5只或者7只。清代东南地区河道繁多，水驿也比较多，如江苏、安徽、浙江、湖北、湖南、四川、广东、广西水路四通八达，均配备水驿邮船以供差使。

横塘水驿

水驿大多数临河而建，借助驿路相连接，与其所具有的建设交通网络、传递文报、递送公务人员与外使朝贡、调防军队、运输饷银、发展地区经济等六大功能紧密相连。水驿都承担哪些核心业务呢？总结起来，主要有以下几个方面：

传递官府文书和军事情报是第一要务。这是历代王朝设置邮驿的主要目的，故孔子有“置邮而传命”之说。郦道元在《水经注·江水》中记载：“自三峡七百里中……或王命急宣，有时朝发白帝，暮到江陵，其间千二百里，虽乘奔御风，不以疾也。”长江中的货船、客船和邮船乘风破浪，千百里的路程，花不了多长时间就能到达，反映了当时传递官府文书过程的迫切而急速。

水驿承担着重要的漕运和商业通道功能。以长江三峡为例，那时候四川是西南地区的天府之国，是国家宝库，人员富庶，米粟众多，沿着长江一路下来，可以帮助很多地区，三峡水路的重要性不言而喻。唐宋时期，三峡地区不仅商业贸易发达，经济高度繁荣，而且还是传输“川米、马钢、蜀麻、蜀布、吴盐的重要水路”。另根据明代《四川总志》载：“每年用木帆船运往恩施的川盐就有2000 万斤”。

水驿承担着军队调防功能。比如清廷调防军队至江南的杭州、江宁、京口等地，水驿是运输军队的首选。另外，水驿还有一项重要功能，就是运输饷银。总而言之，凡是陆路邮驿承担的功能，水驿基本上也承担了。水陆邮驿构成了古代王朝的信息传递网络，发挥了无与伦比的重要作用。

在水驿的管理方面，《中国交通史》中介绍，水驿和陆驿一样，也是 30 里设置一所驿站，里面有驿长、驿夫、船夫，驿长有时又被称为“邮吏”，船丁被称为“邮童”。每驿根据事务的繁简配备驿船二三只或四五只不等。一个县的水驿由县的县令兼理；一个州的水驿由州的兵营掌管。春秋战国时期，全国各地设有“邮亭”，用于传递信息。到两汉时，已在驿馆中设立驿使专门管理，并征发当地百姓来充当驿卒、驿夫，一直到宋朝才开始以军卒替代百姓充当驿递夫。但是让军卒担任驿夫也不是什么好事，造成军队插手地方事务，扰民的事件接连不断。

既然军队参与邮驿工作存在缺陷，那就要做出改变，所以到了元代，政府又改用固定的站户来取代军卒。这样反复能成功吗？其实只要钱给够了，一切都没问题。宋代之前，驿夫来自老百姓，活多、钱少，还特别累，元代则规定承担邮驿的站户可以免税或免劳役。如果站户家里很富裕，还可以提供马匹或舟船等交通工具来代替劳役。这就使得之前强制性充当驿夫的情况有所缓解，对站户的人身束缚开始有所放松，更重要的是开始以钱物替代劳力服徭役。明朝以后，水驿的资金来源开始转为地方负责，即由地方政府给予一定的银两作为支给驿夫的工钱。

水驿的驿夫穿着也和其他行业不同，有自己的职业装，比如元代对驿夫的衣着有明确规定：“铺兵每各备夹板攀铃各一付，镬枪一，软包一，油绢三尺，蓑衣一领，回历一本。凡铺卒皆腰革带悬铃，挟雨衣，赍文书以一行”“夜则持炬火”。水驿的运作多在白天，如果是夜晚，通常在驿站中点燃火把为夜行的船只引航。对驿夫而言，无论是水驿还是陆驿都十分辛苦，不论刮风下雨，一接到上一站传来的驿报必须马上送往下一站。根据《元史·刑法志》规定："诸急递铺，辄开所递实封文书，妄入无名文字者，笞五十七。诸急递铺，每上下半月，府州判官县主簿亲临检视，所递文字但有稽违、摩擦、沉匿，铺司、铺兵即验事重轻论罪……"这段文字规定了驿夫的保密责任和义务，以及违反规定遭受的惩罚。水驿遭遇大风大浪的恶劣环境时，多改用陆驿运输，以确保邮驿的万无一失。

唐代诗人杜甫有《宿青草湖》诗云："洞庭犹在目，青草续为名。宿桨依农事，邮签报水程。"可知水驿的运转也必须按照一定的行程来进行，这一点与陆驿的"乘传日四驿，乘驿日六驿"的行程规定基本相似，而且乘水驿还要有邮签，这与陆驿的驿符、纸券也相仿。驿夫的奔波辛劳在很多诗歌中都有体现，比如唐代诗人王建在《水夫谣》中写道："苦哉生长当驿边，官家使我牵驿船。辛苦日多乐日少，水宿沙行如海鸟。逆风上水万斛重，前驿迢迢后淼淼。半夜缘堤雪和雨，受他驱遣还复去。夜寒衣湿披短蓑，臆穿足裂忍痛何？到明辛苦何处说，齐声腾踏牵船歌。一间茅屋何所值，父母之乡去不得。"

水驿的交通工具就是船只，也叫"报船"。不同时代、不同地区的水驿，采用的船只也不相同。比如在乌江地区，用的邮船种类繁多，最常见的是一种"曲尾船"，俗称"歪屁股船"，其特点是头尾高翘，尾部歪向左方，干舷很高，两弦外各有三根柄，结构特别坚硬，是根据乌江河床狭、暗礁多、滩险水急的特点发明创造的一种独特的木船。行驶在嘉陵江中的邮船主要有滚筒子、毛板船、划子船、舵三板、巴河船、半截船、千挂船、安岳船等船型。

根据张慧卿《古代福建水驿初探》所提供的资料显示，在福建等内河水运条件复杂并且造船业发达的地区，水驿在不同的河流里，也往往使用不同的船只。比如在闽江航线上，南平至埔城线(即建溪、富屯溪一带)，其水流湍急，故多用清流船和梢篷船。这里的清流船是一条可容纳四个人的小船，人曲坐于内，船上设置前招、中桨和后舵，招形如木刀，置于船首，下水过滩，左右摇动，捷如飞鸟；而梢篷船船体较宽，设有樯帆可借风力行驶。在邵武段

（即富屯溪），滩多险恶，则多用一种比清流船和梢篷船更加灵巧的小船，称之为“雀船”；而南平下福州段，水运条件较好，所以多用白鹭船，这类船又长又窄，左右有舱门供出入，船头舱不能进出。还有鸭母船和鸡公船，它们的大小差不多，前者船舱狭窄、篷帆较低，运量较小，但速度快；后者船首高昂，抗冲击。在沿海航线上，最常用的是福建造的福船和宝船，宝船的船首较一般船只昂起，利于水浪、滩头冲击。

就像陆路邮驿系统随着近代邮政体系建立而崩溃一样，水驿也随着近代科技和交通模式的发展而被淘汰。只剩下河道两岸残存的零星驿站，依旧风雨无阻地讲述水驿的传奇，并作为中华文明不可或缺的华章留存在历史和现实之中。

08 彝族奢香夫人与“龙场九驿”

◇ ....

她是弃暗投明的彝族女头领。她忍辱负重，刊山凿险，开辟了川滇邮路。她的葬礼，明太祖朱元璋派特使参加。她，就是传奇女性——奢香夫人。

1985 年《奢香夫人》电影海报

2011 年，28 集连续剧《奢香夫人》在央视一套黄金档播出，随后《人民日报》《光明日报》等主流媒体刊发知名学者评论，如“北有昭君出塞维护国家安定，南有奢香守疆促进民族团结”，可谓好评如潮。这部历史剧将奢香维护国家统一、民族团结和边疆安定的事迹表现得淋漓尽致，但她开辟“龙场九驿”的历史功绩却鲜为人知，而在中国邮政史上，这一事迹值得浓墨重彩地写上一笔。

自古以来，传奇女性都会在文艺作品中被大书特书。在各种史书与民间传说中，奢香夫人的生平事迹也有多个版本，比较可信的说法是《大定府志》中的记载，说她1358年生于元末四川的一个土司之家，为“永宁古蔺（兰）奢氏之女”。

古代彝族人有名无姓，所以奢香其实并不姓奢。清末彝族学者余若瑔曾解释：“夷语谓黄金为奢。妇女名有奢字者，犹汉人妇女名取金字之义，非姓也。”

乌蒙山连着山外山，月光洒下了响水滩。正如凤凰传奇这首《奢香夫人》唱的那样，贵州和四川山水相连，两地人民通婚很普遍。十多岁时，奢香就嫁到了贵州。历史上，贵州鸭池河（乌江上游的别名）以西的地域叫作“水西”。水西土司头人汉姓安氏，境内的居民主要是默部彝族。奢香当时嫁给了默部彝族首领霭翠，被封为奢香夫人。婚后，奢香很快就展露出聪明贤惠的才干，她不仅辅佐丈夫把政事管理得井井有条，而且贤能聪慧的个性赢得水西各部族的喜爱，族人都爱戴这位头领夫人，尊称她为“苴慕”（君长）。

但个人的命运并不只取决于自身的能力，往往还会被时代所裹挟，尤其在改朝换代的时候。明朝洪武四年（1371年），明军挺进西南边陲。虽然元朝在中原统治的几年前就已土崩瓦解，但在西南盘踞多年的元梁王巴匝剌瓦尔密此时仍有相当实力。元梁王在黔西北境内屯兵，并派人暗中与乌撒（今贵州威宁）、芒部（今云南镇雄）等地的土酋勾结，企图倚傍山高水险和少数民族势力来阻止明军入滇。

此时，奢香夫人竟然成为这场战争的胜负筹码。识时务者为俊杰，她审时度势，看清元朝已是强弩之末，于是顺应历史潮流，劝说丈夫霭翠脱离元朝，归附大明。此后她积极献粮通道，支持明军。她甚至还凭借宗族关系，亲赴乌撒、芒部，对各土酋阐明形势，陈述利害，动之以情，晓之以理，最终使明军得以顺利进拔云南，扫灭元梁王残余势力，促进了祖国统一。

归附之后，奢香、霭翠夫妇与明王朝保持着密切的臣属关系，不仅经常亲自或遣人“来朝，贡马及方物”，甚至赞助军资。《明太祖实录》对此大加赞扬：“洪武年间，大将征讨云南，师至沅州（今湖南芷江），霭翠命总管陇约迎至镇远（今贵州镇远），通道积粮以候。大军既至，百蛮破胆，靡不悦服。霭翠备马一万匹，米一万石，毡一万领，刀弩、牛羊各一万，以助军资。”这些军需物资在现在看来也不是小数目，怪不得“蓝、傅二总兵官甚喜”，明朝大将笑得嘴都合不拢了。

于是朝廷论功行赏，任命奢香的丈夫霭翠为宣慰使，官秩从三品，而同一时期归顺的水东头人宋钦被任命为低一品的同知，官秩从四品。从明朝的封赏也能看出，奢香夫妇为支持国家实现统一、巩固西南边疆作出了很大的贡献。

后来霭翠因病去世，儿子年幼，奢香夫人忍着悲痛，代袭了贵州宣慰使一职。掌握贵州军政大权的都督马烨轻视妇女，看到奢香当了头领，轻蔑地讥笑她是“鬼方蛮女”。奢香顾全大局不与他计较，马烨以为孤儿寡母好欺负，竟然上门寻衅滋事。《明史》中记载，说他“欲尽灭诸罗，代以流官，乃以事裸挞奢香，欲激怒诸罗为兵端。”族人看到奢香夫人无端遭受鞭刑，还被脱光衣服，简直是奇耻大辱。《大定县志》记载：“四十八部诸罗咸集香军门，戛颡，愿尽死力助香反。”如果就此发展下去，很可能演变成一场少数民族起义。

在这一触即发之际，深明大义的奢香夫人竟然能忍辱负重地说出“反非吾愿”，尽力安抚好部族，然后经过宋钦之妻刘淑贞的引荐，“走诉京师”——上京告御状去了。

明太祖朱元璋挺头疼，虽然奢香有礼有节，但是马烨毕竟是一方大员，还是皇亲国戚——马皇后的亲侄儿，他想了半天，把问题又抛给奢香：“汝诚苦马都督，吾为汝除之，然何以报我？”奢香答道：“愿世世戢诸罗，令不敢为乱。”皇上哈哈大笑，说：“这是你为官的义务，怎么能说是报答呢？”奢香想到朝廷重视邮驿建设，正在大力开发全国各地乃至边疆地区的邮路和驿站，于是胸有成竹地说：“贵州东北有间道，可通四川，梗塞未治，愿刊山通道，以给驿使往来。”朱元璋两相权衡，计上心来：“何惜一人，不以安一方也。”马上召回马烨，历数罪状，打入死牢，并“赐香锦绮、珠翠、如意冠、金环、袭衣，遣之归”（《明史》）。

奢香夫人回到贵州宣读上谕，又继续做了大量的思想工作，很快让族人心悦诚服。随后奢香兑现承诺，花费巨资自备口粮、工具、建材，率领部众，披荆斩棘，开山凿道。他们日夜辛劳，历时数年，终于以愚公移山的精神开辟了以水西为中心的三条驿道：一条向东，经龙场（今贵州修文）等地到达偏桥（今贵州施秉县境）；一条向西，经乌撒（今贵州威宁）等地到达乌蒙（今云南昭通）；一条向北，经赤水东等地到达客山（今贵州湄潭县境）。在这三条驿道上，奢香设置了龙场驿、六广驿、谷里驿、水西驿、金鸡驿、奢香驿、阁鸦驿、归化驿、毕节驿，共9个驿站，这就是邮政史上流芳百世的“龙场九驿”。

龙场九驿虽然大部分都是贵州的省内驿道，但其历史意义非常重大，是一项前无古人的创举。贵州自古山高路险，行旅维艰，与内地的交往很受限制，境内各地的联系也不紧密。其地在元代分属湖广、四川、云南三个行省，为三省毗连的极边之地，亟待开发交通。

龙场九驿全程约250多千米，成为贵州省内贯通中、西部的交通大动脉，相当于今天贵州的高速公路，打开了与川、滇、湘的通道。驿路大大方便了云、贵、川三省的人员往来与物资交流，加强了内地与西南边疆的联系，保证了地方和中央王朝之间的政令畅通。此后数百年，山间铃响，马帮络绎，云铜黔茶，川盐浙锦，络绎不绝，经济情况大为改观，果然是“要想富，先修路”啊！

龙场九驿是中国邮政史上第一个由少数民族主导建设的工程，是完全由彝族人民自己开设、自己管理的邮路。整个邮驿系统由水西土官管理，各驿马匹、夫役、供馆等给养，均由当地头目、土民自行备办。万历年间的人文地理学家王士性在《黔志》中赞道：“惟西路行者，奢香八驿，夫、马、厨、传皆其自备，巡逻干辄皆其自辖，虽夜行不虑盗也。”

奢香夫人开山凿路，在中国历史上首次把驿道修进一直以来长期处于封闭状态的水西彝族地区，不仅振兴了经济，还促进了文化交流。借助龙场九驿带来的便利交通，彝族人民与其他各族人民联系与交往越来越多，和汉族之间的交往也比以往任何一个时期更频繁，修驿路无形中促进了水西人民对中原文化的吸收，水西的许多旧习俗也逐渐发生了改变。西南的新气象传到朱元璋耳中，使得他龙颜大悦："奢香归附，胜得十万雄兵！"

1396 年，38 岁的奢香夫人英年早逝，朝廷派遣使者赴贵州拜祭，封她为"顺德夫人"，这无疑是对这位少数民族优秀的女政治家的最大褒奖。奢香的一生虽然短暂，但是她为国家统一、民族团结、边疆安定作出了巨大贡献，她深明大义、通邮边陲、开发经济、振兴文化的举措被世代传颂。

除了大量正史、野史的记载和赞誉，自明清以来，许多文人也经常把奢香作为创作的主题，留下了许多颂扬奢香及其开辟龙场九驿的诗篇。特别是在当时的封建社会背景下，从政府到民间，能对一个"蛮邦"女子作出如此高的评价，可见开辟龙场九驿是奢香为国为民建树的一座丰碑。这样的人格魅力，使得民间几百年来津津乐道于奢香夫人的传奇故事，正如清代《怀清堂集》中的《黔阳绝句》歌颂的那样：依稀九驿认龙场，乌撒平开蜀道长。莫怪西溪水呜咽，至今妇女说奢香。

09 中世纪及文艺复兴时期的欧洲邮政

◇ ……………………

作为文艺复兴和现代文明的诞生之地，欧洲的邮政业务也经历了4000多年的发展历程。古希腊、古罗马等红极一时的古老城邦和帝国都曾经有过种类各异的邮政体系。当然，这些信息传递工具随着希腊城邦和罗马帝国的崩溃而随之消亡。在长达千年的欧洲中世纪，邮政业务也曾经以各种面目出现，但是都是局限于掌握了知识垄断权的一小撮人手中，包括欧洲的皇室、僧侣和官僚。这种“圈内通信”一直持续到12世纪才有所改观，这是什么原因呢？因为欧洲出现了一支很强大的力量——工商业城邦的富有阶层，也就是会挣钱并推动商业进步的市民阶层，这在当时的威尼斯共和国中就体现得非常明显。

从12世纪到14世纪这200年中，欧洲的邮政由两大阶层所把控，一个是修道院，另一个是大学。修道院之所以成为邮政系统的实际把控者，和欧洲浓郁的宗教氛围有关，教会垄断了大量的财富、土地和知识，再继续垄断邮政也并不令人惊讶。当时出现了造纸技术，替代了昂贵的羊皮纸，信息传递的成本降低，促进了西欧等地修道院之间邮递服务的开展。另外，中世纪欧洲修道院的势力也达到了登峰造极的地步，他们利用豁免通行税等特权大做买卖，使本部与附属机构的联系进一步加强。修道院组织商队，雇用代理人，忙得不亦乐乎，甚至在寺院附近开辟市场，腾出馆舍寄宿商人，使寺院本身成为贸易中心，大把大把地捞钱。教会的能量无与伦比，在一定程度上促进了欧洲经济的发展。当然也得感谢修道院的努力，形成了一个连接意大利、法国之间上百所修道院的邮递系统，为欧洲文化的传播发挥了举足轻重的作用。

也是在 12 至 13 世纪这段时间里，欧洲的求学旅行兴盛，大学的邮递组织也开始出现。准许那些大学派遣的信差奔走在意大利的博洛尼亚、萨勒诺和那不勒斯大学之间，传递知识的火种。欧洲很多大学的前身是教会学校，早在 11 世纪初期，法国和北意大利的教区就开始组建学校，吸引了欧洲各地的学生来求学，他们享有旅行特权。这种特权为大学组建邮政提供了便利条件，他们充分利用旅行特权建立了庞大的大学邮政系统，在满足学校之间信息交流的前提下，还能承担校外公众信件的递送，所得收入可以支付教学人员的薪金。大学邮政系统的生命力很顽强，比如巴黎大学的公共邮政一直营业到 18 世纪，时间有 500 多年。

在西欧，到了 15 世纪，印刷机的发明使得廉价的印刷品问世，大大增加了邮件的数量，递送信件成为一个盈利颇丰的行业，随之出现了官方之外的私人邮政服务，他们建立复杂的邮政路线，负责将邮件运送到欧洲各地。说起欧洲的私人邮政系统，塔克斯家族建立的邮政帝国是不折不扣的翘楚。塔克斯家族最初来自意大利，其重要的邮政业务始于弗朗兹·冯·塔克斯，他从 1489 年开始担任神圣罗马皇帝马克西米利安一世的邮政局局长，并于 1504 年担任西班牙皇帝菲利普一世的邮政局局长，是皇家钦点的邮政红人。塔克斯家族也是官方所直接指派并垄断欧洲大部分邮政业务的私企。

18 世纪塔克斯邮差

塔克斯邮政家族在整个神圣罗马帝国和西班牙收取费用，从而建立了第一个私人主导的公共邮件服务体系。邮政线路定期连接车站，为邮政快递员提供“新鲜”的马匹，使他们可以继续“旅行”而不会拖延时间。塔克斯家族雇用了许多亲戚来经营他的庞大邮政网络，他们的能力和成就有目共睹，既让皇家满意，也能让普通的客户满意，所以该家族在 1512 年被神圣罗马帝国皇帝马克西米利安一世授予贵族身份。在随后的 355 年中，该家族的分支机构在西班牙、德国、奥地利、意大利、匈牙利、荷兰、比利时和卢森堡等很多国家开办起来，获得了极大成功，雇用的人手最多时高达两万人。他们家族的徽标是一个卷曲的喇叭，后来也成了德国邮政的标志。1615 年，神圣罗马帝国马蒂亚斯皇帝授予塔克斯家族皇室邮政局局长职位，将其作为男性继承权中的世袭权利。1695 年，神圣罗马帝国皇帝利奥波德一世将他们家族提升为王子级别，以此奖励这个家族的杰出贡献。

塔克斯王子徽章

塔克斯家族的辉煌一直持续到19世纪中叶，到了1867年，普鲁士购买了塔克斯家族的邮政系统并将其收归国有。这也说明，国家建立由政府控制的邮政系统已经成为大的趋势。在法国，路易十一在1477年建立了皇家邮政局，雇用了230名快递员。在英格兰，亨利八世于1516年任命邮政总局局长，以维持从伦敦到各地区的常规邮政服务。这些官方邮政系统一开始没打算为公众服务，随着时间的推移，私信不断涌入，为邮政系统带来了可观的收入，私人邮件的运输到17世纪基本上就被官方接受了。这些可以提供公共服务的邮政系统有固定的费用和时间表，并在较大的城市建立了邮局。比如，英国皇家在1635年设立了单独的公共服务部门，以解决英格兰和苏格兰的邮件递送问题。

在东欧早期，俄罗斯发展了自己的邮政系统。有记录可查的是在10世纪建立的“使者系统”，它是早期邮政的雏形。到16世纪，俄罗斯的邮政系统已包含1600个办理点，寄信从莫斯科到诺夫哥罗德需要3天的时间。后来彼得大帝进行改革，使邮政体系的运作更加统一，并于1716年在莫斯科和圣彼得堡开设了第一家邮政局，

1765 年 7 月使用了最早的邮戳。波兰也有自己的邮政系统。从 1300 年开始，商人组织了一个私有的邮政系统，用骑马取代了徒步信使。1558 年，波兰国王齐格蒙特二世正式任命居住在克拉科夫的意大利商人普洛斯彼罗 · 普罗瓦纳在波兰组织邮政服务，他将所有私人邮政服务合并为一，每年收取费用并免费携带皇家邮件。然而，随着塔克斯邮政系统在欧洲攻城略地，波兰国王于 1562 年以普罗瓦纳的名义将波兰邮政系统转让给塔克斯家族，后来转让合同又被终止。波兰国王任命了行政管理人员并与普罗瓦纳签约，从而让他继续提供国家邮政服务。波兰为邮政发展作出的另一个贡献，那就是引入了世界上第一个统一的邮政费率。

提及中世纪及文艺复兴时期的欧洲邮政，威尼斯也是一个值得花笔墨介绍的例子。由于地理位置非常优越，威尼斯的商业极为发达，公元 1000 年，威尼斯共和国通过战争获得了亚得里亚海的制海权，威尼斯共和国自此进入海洋贸易时代。1204 年，威尼斯共和国参与了第四次十字军东征，并凭借这次东征在亚得里亚海东岸、东地中海上的诸多岛屿设置了本国商船的停靠点、补给站，甚至建立了商业活动的场所，威尼斯共和国自此成为“东地中海女王”。到了 16 世纪地理大发现时代，经济中心逐渐向大西洋沿岸转移，威尼斯共和国依旧保持了在地中海贸易的部分优势，直到奥斯曼土耳其在地中海世界的势力扩张以及新航路的开辟和新大陆的发现，地中海贸易的重要性逐渐下降，威尼斯不再继续贸易独大。1797 年，威尼斯在拿破仑军队的征服下屈服，共和国灭亡。

在文艺复兴时期的威尼斯，邮政系统日趋完善，这归功于欧洲主要城市间交通网的建设，以此为基础建立起了覆盖整个欧洲大陆的邮政路线网络，使得信息传递效率获得提升。威尼斯邮政网络非常便利和高效，它具备了以后通信网络所具备的特征：可靠性、一致性、规律性，以及对时间的可预测性和对通信成本的可计算性，使之成为所有标准化通信过程的样板。

威尼斯邮政系统的便利和高效到了什么程度呢？从罗马到威尼斯的标准旅行时间是 4—5 天，从罗马到米兰是 8 天，从维也纳到威尼斯是 12—15 天，来自巴黎的消息则会在事件发生 20—25 天后在威尼斯发布。但如果一些信息具有重大的政治意义，那么时间会更短。例如，1610 年法国国王亨利四世遇刺的消息在事发后仅 8 天就传到了威尼斯，并在 15 天后刊登在威尼斯的手写公报上。

在当时的欧洲，也出现了服务于邮政系统的专业机构和人士。当时，欧洲所有的主要城市都有官方邮局来处理和转寄信件，都市中心既是邮政网络的关键节点，也是信息的重要中转站。在主要邮政路线上，每相隔固定的间隔就会有邮政驿站，里面有对路线和交换节点的明确介绍。信使还可以在邮政站里更换马匹，从而保证投递效率。

当时的威尼斯共和国不仅与意大利北部的各城市联系频繁，还通过普通的信使将信件送往米兰，然后经热那亚送往西班牙，或经都灵送往里昂和法国其他地区。另一条重要路线沿着特伦特公路向北，通往德国和佛兰德斯，经过维也纳的路线也同样重要。此外，威尼斯共和国还有两条航线：一条从威尼斯到达尔马提亚南部海岸的港口，另一条航线经由东罗马帝国统治的城市拉古萨到达巴尔干半岛和君士坦丁堡，这条航线更是整个中东和亚洲地区通信的重要节点。

相比意大利其他城市，威尼斯独特的地理位置让它成为一个天生的信息中心，各行各业的人汇集于此，包括银行家、商人、经理人等，他们因为自身的专业和社交广度，提供了丰富的信息，展现了欧洲政治快速发展的过程。与此同时，一些重要的意大利企业家利用统一的组织能力和关系网，在邮政领域投资。例如，波兰国王于 1568 年任命了一位意大利商人塞巴斯蒂亚诺·蒙特卢皮在威尼斯和克拉科夫之间建立邮政服务。

由于邮政系统内道路、驿站等硬件设施在欧洲的完善，以及邮政系统从业人员专业水平的提高，威尼斯共和国在欧洲道路交通网中所处的中心位置，威尼斯在信息传播方面的效率和质量都比较高，这些信息能够以更快的频率在交通所及之处流通，最后传播至欧洲各地。

Avisa

Relation oder Zeitung.

Was sich begeben vnd zugetragen hat / in Deutsch: vnd Welschland/Spannien/Niederlandt/Engellandt/Franckreich/Vngern/Osterreich/Schweden/Polen/vnnd in allen Provintzen/in Ost: vnnd West Indien etc.

So alhie den 15. Januarij angelangt.

Gedruckt im Jahr/1609.

1609 年《报道》创刊号头版

在 17 世纪的欧洲，伴随着邮政系统的发展，在德意志等地还出现了早期的邮政报纸，它具有公开性、现实性、广泛性以及周期性，报纸的出版起初以周为单位，其新闻素材的收集和传递直接借助于交通和邮政系统。欧洲最古老的周报出自印刷商约翰·卡罗卢斯之手，名为《报道》，它首次出版于 1605 年，地点是在帝国自由市斯特拉斯堡（今属法国），主要刊登来自罗马、安特卫普、威尼斯、维也纳、布拉格、克拉科夫、阿姆斯特丹、布鲁塞尔和里昂等地的新闻。《报道》设有 4 个版面，没有广告，没有标题，简单到只罗列新闻信息，它至少出版到 1648 年之后很长一段时间才停止经营。

在 1609 年 9 月 4 日的《报道》上刊登了一则发自威尼斯的信息，里面提到了一个伟大科学家的名字——伽利略，这是现代新闻业与现代科学的首次联姻。报道是这么写的：“当局给予帕多瓦大学数学教授、来自佛罗伦萨的伽利略先生以国家性的荣誉。他的年金同时也提高了 100 金币。伽利略先生通过不懈的努力研究发明出了一种目测工具。通过这种工具人们可以清楚地看到 30 里外的地方，那里的景物仿佛近在眼前。伽利略先生把制作这种工具的技术献给了威尼斯共和国当局。”很显然，这则新闻报道了伽利略发明望远镜的科技成就。

文艺复兴之后的欧洲，邮政业就这样逐步发展了起来，带领着众多国家大踏步走进了近代历史，开启了另一个辉煌时代。

10 英国近代邮政改革的三位功臣

◇ ……………………

谈起欧洲的邮政历史，英伦三岛开展邮政的重要性不言而喻。毕竟作为日不落帝国，英国从 17 世纪到 20 世纪中叶，都是不折不扣的世界第一强国，加上伟大的工业革命也是从英国发端，铁路、蒸汽机等改变历史进程的各种新技术也是从英国起源的，自然邮政这种新生事物也不会在英国落后。

如果追溯英国邮政的起源时间节点，11 世纪诺曼征服之后算是比较明确的发端。诺曼王朝第三任国王亨利一世在位时期（1100—1135 年），就开始雇用信使开展皇家邮递业务，而到了英王亨利二世的儿子约翰王在位时期（1199—1216 年），制定了关于皇家私人信使支付酬劳的相关法令，英王亨利三世则规定了皇家信使的制服，爱德华一世建立了固定皇家驿站，到了 15 世纪中期爱德华四世统治时期，英国才成立了正式的邮政机构，并且制定了邮驿制度。此后的历代国王继续对其进行完善。直到 1516 年，亨利八世才设置了邮政长官，让其全权负责邮政机构的管理。然而，即使经过了 400 年的发展和进步，英国的邮政还是和普通的平民百姓没多大关系。

英国邮政发展的第一次转折发生在伊丽莎白一世在位时期（1558—1603 年）。由于英国的海外征战和扩张，伴随着贸易发展迅速，英国对内政治稳定，对外国际地位提升，英国国力空前强大，进入了历史上的“黄金时代”。由于商业的通信需要，英国商人就建立了私营邮政，逐渐与皇家邮政分庭抗礼，这也在一定程度上说明了皇家邮政服务范围的局限性。此后，英国邮政又经历了不小的变化，比如斯图亚特王朝詹姆斯一世首次建立了海外邮政系统，上了断头台的查理一世在 1635 年建立了国内的邮政业务，1660 年英国出台了“邮政宪章”，1710 年英国出台了“十号法令”替代了用了半个世纪之久的“邮政宪章”，并且一直沿用到 1837 年才被废除。1837 年这个时间点，也是后来的英国邮政大臣罗兰·希尔进行近代邮政改革的开始时期。

罗兰·希尔纪念邮票

掐指算来，英国从 12 世纪出现皇家私人信使开始，到 18 世纪开启第一轮邮政改革，时间长达 600 年。即便如此，英国的邮政系统依然距普通百姓于千里之外。英国自从 1635 年建立国内邮政业之后，在一定程度上考虑了公众需求，但是高昂的价格让很多人根本无法承受，老百姓即使有心去寄信，也没钱支付邮费。这种情况一直到 200 余年后才得以解决，解决这个问题的大功臣就是罗兰·希尔。他作出的贡献是如此伟大，以至于死后被埋葬在伦敦威斯敏斯特教堂，与牛顿等人为伴。

在罗兰·希尔大刀阔斧进行邮政改革之前，已经有数位开明人士针对邮政的痼疾开刀，并取得了一定的成果。第一个朝着邮政开刀的是拉尔夫·艾伦，他想要解决的是不合理的邮政路线问题。这是什么意思呢？原来，1710 年英国颁布的"十号法令"明确规定："任何包裹和信件，不管以何种速度和方式，无论将投递到英国和爱尔兰或北美和西印度的哪个角落，包括女王陛下统治的其他地区，以及海峡对面的任一国家，都必须经由伦敦的邮政总局。回信和回执亦不例外。"

实话实说，这个规定确实挺奇葩的，它要求国内无论哪个城市寄信，哪怕是寄到海外殖民地，都必须通过伦敦邮政总局。打个比方，这就意味着，广州寄往海外的信件，必须通过北京邮政总局中转才可以，否则就是违法。幸好英国面积不大，南北最长约 900 千米，东西最长约 520 千米，从南到北骑着马几天就到，要是换成中国这么大面积可就惨了。不过英国邮政法案有这条规定也不意外，毕竟邮件只要经过伦敦总局，就会产生一笔费用，收入增加，邮路长点算什么？不过这个规定让长期依靠邮政服务的客户怨声载道，他们总想打破这个规定，但是经过 20 多年的抗争也没有完全达到目的。

好在"十号法令"还留下了另一条规定，让人们看到了一丝希望："在有益于贸易以及两地相互信件往来的情况下，一些地区可以建立交互邮政。"交互式邮政可以不通过伦敦邮政总局，就可以在两个地区之间寄信，大大减少了不必要的走行距离，节省了成本。可说是一码事，做起来又是一码事。交互式邮政之前在某些地区有过试点，但是不成规模，也没有在全国推广，原因就是阻力很大，因为朝中的既得利益者不肯松口。直到拉尔夫·艾伦细心周旋，据理力争，这才打破了寒冰。

拉尔夫·艾伦

全国信件必须到伦敦一游的规定，既延长了邮路，增加了投递日期，提高了投递成本，还给伦敦总局的工作人员带来了空前的压力。总之，这个规定坏处多多。另外，当时英国的邮政信差也不靠谱，他们的工作相比同时代中国的驿卒轻松多了，路上晃晃悠悠，东跑西看瞎逛，即使骑着马，速度也上不去。这些人既不守纪律，对其也很难进行约束。走得慢也就算了，邮件的安全性还不能保证，时不时就被劫匪一顿洗劫，或者张冠李戴把邮件投错了主人。因此，速度慢、效率低下、安全得不到保障，成为英国“邮差时代”信件投递方式的三大痼疾。

要想破除这些问题，开源加节流且引进竞争机制是一个不错的办法，当时担任英国巴斯市邮政局局长的拉尔夫·艾伦就是这么做的。经过他的不懈努力，终于在 1720 年与国家邮政系统签订了长达 7 年的承包协议，规定：“在这 7 年中他负责经营埃克塞特和切斯特治下所有城镇间的交互邮政业务，也包括布里斯托至剑桥，途经巴斯、苑提治和阿宾顿那条道路沿线及附近的乡镇”。

至于承包价格，也不贵，只需要每年上缴国家邮政局 6000 英镑，其余自负盈亏。但是有一点，就是艾伦的承包工作得不到国家任何财政和技术支持，一切都靠他自己想办法。即便条件苛刻，艾伦还是不负众望，他进行了大刀阔斧的改革，承包的交互式邮政线路非常成功，并且在后来40年里，发展交互式邮政业务遍布整个英国，彻底解决了之前邮路过长等问题，而国家邮政收入也增加了近50万英镑。

拉尔夫·艾伦作为第一位卓有成效的邮政改革家，解决了英国邮路过长问题，下一位改革家查尔斯·帕尔默则着手解决了邮政的安全性问题。和拉尔夫·艾伦一样，查尔斯·帕尔默也和巴斯市有着千丝万缕的关系。查尔斯·帕尔默出身酿造商，在1783年担任巴斯市和布里斯托市的剧院经理，后来担任巴斯市市长，又进了巴斯议会，这给他改革邮政提供了便利。查尔斯·帕尔默所处的时代，正是英国工业革命进行得如火如荼的年代，蒸汽机的应用，科技与商贸的发展，促进了交通方式的革新。之前破破烂烂的道路逐渐得到改善，新型的交通工具也层出不穷，大规模采用马车出行成为现实，这就给查尔斯·帕尔默的改革奠定了基础。

查尔斯·帕尔默

既然想要改革，社会调查是必须做的，查尔斯·帕尔默这一调查，发现了问题。原来，由于官方邮政系统的安全性饱受诟病，一些商人为了安全保密送达信件，不得不求助于私人邮递业务。这些私邮没有采取传统的“邮差骑驿马”的模式，而是采取了刚刚兴起不久的四轮马车。即使运费昂贵也没有关系，至少能保证完整送达。查尔斯·帕尔默灵光一闪，何不借鉴私邮的做法，用驿车替代驿马呢？事实上也是如此，驿车比驿马好多了，首先运量增加了，一辆邮车比一匹驿马运送的信件多得多。另外，在驿车上面配备安全护卫，再也不用担心被抢劫了。

查尔斯·帕尔默向英国议会提出了自己的改革方案，在财政大臣的鼎力支持下，改革很快就实施起来。查尔斯·帕尔默规定，邮递马车不得搭载旅客，马车速度每小时不能低于 16 千米，相当于骑马邮差的两倍。早上 8 点所有马车一起离开伦敦，并尽可能一起返回伦敦。为了保证马车的速度，查尔斯·帕尔默在邮路上设置了许多驿站，每 16 千米就可更换马匹。此外，用小碎石铺设路面增加坚硬度，可解决一旦下雨造成道路泥泞无法通行的难题。

查尔斯·帕尔默的改革方案在 1784 年 8 月 8 日正式施行。将伦敦和布里斯托之间作为试点，开通了第一辆邮政马车。仅仅到了 8 月末，通往诺威奇、诺下汉、利物浦和曼彻斯特的邮政马车也开始运营了。1786 年，伦敦和爱丁堡之间也通了邮政马车。1797 年，全国一共设立了 42 条邮政马车路线，将英国境内 60 个主要城镇及途中经过的地方紧紧联系起来。这些马车通行的总距离为 6576 千米，每年耗费的成本为 12416 镑，这个数据仅是之前使用驿马寄信的一半。邮件的安全性大大提高，在英国境内，自从开通了帕尔默邮车，多年时间里竟然再没有发生过一起针对邮车的抢劫事件。邮政改革解决了安全问题，那么收入受影响吗？不必担心，查尔斯·帕尔默的邮车给国家邮政带来了丰厚的收益，在开通邮车的第一年，国家邮政收入 25 万英镑，30 年后增长到了 150 万英镑，足足增加了 6 倍。查尔斯·帕尔默的改革十分成功。

英国邮政的邮路解决了，安全性也得到了保障，现在只剩下一个硬骨头还没啃下来，那就是高昂的邮费。拉尔夫·艾伦和查尔斯·帕尔默都没敢惹这个麻烦，而 1837 年被维多利亚女王任命为国家邮政委员会主席的罗伯特·华莱士，他即使有这么大的背景，依然在高昂的邮费面前碰得头破血流，折戟沉沙。那么，当时英国的邮费有多贵呢？贵的理由是什么呢？国内有一位邮政收藏家收藏了两个英国史前封，其中一个为1829年8月6日由苏格兰爱丁堡寄往苏格兰西海岸斯托拉尔的邮封，邮程约224千米，邮资手写10便士，又因为转了两次马车，盖上加1/2便士的黑戳，共计10.5便士，而当时男工人的周薪是10先令，也就是120便士，女工的周薪还要减半。而这封信的邮费占据了普通工人周薪的10%—20%，可谓高昂。

由于大部分人付不起邮资，就出现了有信而不能签收的奇怪情景。这种事情也被未来的邮政改革家罗兰·希尔碰见了不止一次，加上很多人向他诉说邮费的高昂，心怀大志的罗兰·希尔产生了改革邮政的想法，并在以后他掌握邮政大权的年代推进实施。

那么问题来了，为何英国的邮费这么贵呢？原来大量寄出的信件和包裹中，很多是搭便车的，也就是说免费的。这些免费的邮件属于英国国会议员和贵族，他们从1656年起就享有免费寄信特权。据记载，1837年3月2日，一辆爱丁堡邮政马车上总共装载了4个邮袋，车顶上的一个邮袋装了2296张报纸，重达273磅，不付邮费；第二袋是重47磅的484封免费信件；第三袋也是不付费的；只有34磅重的一小袋邮件才是付费信件。这么多的信件，仅仅支付93英镑邮资，这就是邮费居高不下的秘密。邮费高昂把很多人拒之门外，而信差成了议员和贵族的免费小跟班，国家邮政系统成了贵族的私人邮车，不改革能行吗？要想让平民百姓能够用得起邮政，必须打破贵族的特权，降低邮费，才能彻底扭转这种持续了数百年的不利局面。

罗兰·希尔的初心很好，但是实施起来难比登天。邮政部门的官员们大多数都持反对态度，他们的理由很简单，一旦邮费降低，国家邮政收入势必受到很大影响。罗兰·希尔不屈不挠，撰写了一部邮政改革方案《邮政改革：其重要性和实用性》，并于1837年出版。他的核心观点是只有降低邮费到普通人能够接受的程度，才会吸引大量客户，使得邮件数量增长，薄利多销，就会抵消邮费降低带来的负面影响。一旦形成良性循环，邮政收入才会水涨船高，而且只要精简机构，加强管理，邮递成本也会随之降低。这个改革的好处远远大于短期邮政收入降低带来的困难，并且最终使国家和民众实现双赢。

在罗兰·希尔的努力下，越来越多的人站出来支持改革方案，他们纷纷请愿，要求政府实施邮政改革，让利于民。最终，英国议会下院在 1837 年 11 月成立了邮政专门委员会，审议罗兰·希尔的建议，研究邮政改革及邮资调整的问题。1839 年 3 月特别委员会提出审议报告，决定采纳罗兰·希尔的建议。1839 年 8 月 17 日，英国维多利亚女王签署议会邮政改革法案，批准实施国内信件基本邮资统一为每半盎司 1 便士，这就是后人俗称的“便士邮资法案”。

法案终结了英国邮费高昂的历史，具有划时代的伟大意义。法案规定，根据信件的重量收取邮资。在英国境内，所有信件重量只要不超过半盎司，一律收费 1 便士；与殖民地之间的信件，重量在半盎司之内，收费 1 先令；殖民地之间的通信要经过英国本土，费用为 2 先令；重量超过 1 磅的，邮局一律不予寄送，除非有女王或政府、议会的特许令。罗兰·希尔在这次改革中作出了很多前无古人的发明，比如他主持设计发行了世界上第一枚邮票，将邮费到付改为预付；提出可以通过邮政寄送书籍，大大增加了文化传播的范围。

罗兰·希尔的邮政改革取得了巨大的经济效益和社会效益。据文献统计，在 1840 年“便士邮政”推行之初，全国共有邮局所 4028 座，截至 1854 年，邮局的数量翻了一倍还多。另一方面，信件的投递量增加了近 6 倍。到 1856 年，国内每封信件的平均邮费是 8/9 便士，较之 20 年前的 8. 75 便士，邮费的降低显而易见，公众大获益处。再看收入方面，仍以 1856 年为例，同“便士邮政”推行的第一年相比，总收入增加了 111 个百分点，高达 477000 英镑。由于罗兰·希尔所作出的卓越贡献，1860 年维多利亚女王赐封他“爵士”称号。

在下一篇文章里，将详细阐述罗兰·希尔进行邮政改革并发明全世界第一张邮票的事迹。

11 “黑便士”：世界上第一枚邮票

◇ ……………………

那本该是1836年英国夏季里的寻常一天，然而突如其来的喧闹声打破了夏日的宁静。当吵闹声传入罗兰·希尔先生的耳朵时，这位41岁的中学校长正沿着一条小路悠闲地散步。循声走去，只见不远的农舍门口，一位邮递员正与一位姑娘激烈争执。看到希尔，邮递员像抓到了救命稻草：“先生，您给评评理，这位小姐不肯付邮费！”

“我已经说过了，邮递员先生，我没钱付邮费，这信我不收，请您把信退回去吧。”那位小姐回应道。邮递员急了：“国家规定，信件必须由收信人付邮费！信我好不容易送到了，怎么能又叫我退回去呢？”希尔见状，走过去掏钱把邮费付了。

“小姐，现在你可以看信了。”送走了邮递员，希尔继续展现自己的绅士风度，不料姑娘却说：“谢谢您，好心的先生！信我不用看了，我已经知道信的内容了。”希尔一头雾水：“你连信都没拆开，怎么知道里面写的什么？”“是这样的，我事先和外出的亲人约好，在信封上画一个暗号。我刚才看一眼信封，就知道他在外面一切平安，我便可以拒收信件，这样就不用付钱了。唉，我们家太穷了，就算是几便士的邮费，对我们来说也是笔巨款！实在是没有办法……”

在历史故事中，上文中这次“美丽的邂逅”有大同小异的各种版本，而其后续也如出一辙，不外乎是说罗兰·希尔由此受到启发，“脑洞”大开，随即发明了世界上第一枚邮票——“黑便士”，就此成为“邮票之父”。

“黑便士”邮票

真实的历史当然没有这样简单。1795 年冬季，也就是大清乾隆皇帝在位最后一年，在英国中西部的小镇基德明斯特的一个学者家里，罗兰·希尔呱呱坠地。他的父亲托马斯·希尔·格林是英国著名的政治思想家、哲学家、伦理学家，被认为是英国新自由主义政治思想的先驱。尽管长期担任大学哲学教授、市参议院议员、英国教育委员会助理教监等“上流”职位，但这位社会改革家一生关注教育、禁酒、民主和平民的生活改善等现实社会问题。

人们都说“上阵父子兵”，格林为推广义务教育提供了理论基础和具体对策，儿子希尔也投身教育事业，年纪轻轻便成为一名教育工作者。年轻到什么程度呢？历史记载，他年仅 12 岁时就开始一边读书、一边教书了——那年头可没什么“禁止使用童工”的法律。1827 年，30 出头的希尔荣升校长。本文开头的一幕，就是希尔在伦敦郊外的一个小村镇避暑度假时的奇遇。

受父亲的影响，罗兰·希尔一直关注各种改革问题。他和哥哥埃德温·希尔曾共同发明了一项印刷专利，可谓实干家。1832 年，罗兰·希尔出版了《殖民地：逐步消灭贫穷和减少犯罪的计划草案》，希望能减少日不落帝国海外殖民地的社会动荡。从 1833 年到 1839 年，希尔在南澳大利亚殖民委员会任职，不知他的著作是否帮了大忙？很快，罗兰·希尔把目光转到了英国的邮政领域，我们也可以随他一起来回顾一下英国的邮政简史。

与其他国家类似，在官方邮政诞生之前，国王私信和官方信函是靠私人通信系统运转的。送信人通常是皇家信使，他们可以拿固定工资，也可以按距离收费。爱德华四世时期（1461—1483 年），由于和苏格兰的战争，英格兰急需一个更高速、有效的通信系统，皇家于是在从英格兰到苏格兰的主要道路上每隔 20 英里设一个驿站，里面备马以供信使更换，通过这样的基础设施升级，送信的速度提升到了 100 英里/天。

亨利八世时期（1509 —1547 年），任命自己的侍从布莱恩·图克为邮政大臣，掌管皇家邮政，负责管理其他邮政官员及邮差。因此 1516 年这一年，通常被看作英国皇家邮政元年。但从 1545 年图克去世到 17 世纪，英国的邮政事业一直波澜不惊，没有取得长足的发展。

1635 年，查理一世决定利用皇家邮政来赚“私房钱”。他颁布法令，规定皇家邮政开始为民众服务，邮资通常为每张信纸 2—8 便士，邮递员收到的邮资直接上交皇家，不经过议会。1660 年，查理二世设立了英国历史上第一个邮政总局，主管全国的邮政业务。1719—1763 年间，英国的邮政网络不断扩大，同时邮政马车的使用让邮递的速度进一步提高。

1835 年左右，也许比传说中的那次巧遇更早一点，罗兰·希尔开始对英国的邮政现状进行调查。不查不知道，一查吓一跳！希尔发现自己掉进了一个大坑，四面八方向自己涌来的信息都是邮政领域的各种弊病。

邮资昂贵，计费方式复杂。政府规定，邮资根据路程远近和信件重量收取。这个原则本身没问题，但一看细则人就晕了，最便宜的是只有一张信纸的邮件，寄送距离在 15 英里以内，邮资是 4 便士，超出部分每 100 英里增加 1 便士。这意味着一封从伦敦寄往布莱顿的信需要耗资 8 便士，到伯明翰需要耗资 9 便士，到利物浦需要耗资 11 便士……这还没完，如果信件有两张信纸的话，那么邮资双倍，三张信纸邮资三倍，依此递增。绝大部分信件都是收件人付邮资，就算是中产阶级，也会深感邮费负担沉重。于是许多穷人计上心来，在信封上做个暗号不就可以拒收邮件、免付邮资了吗？所以本文开头的故事，其实并不是个案，而是成百上千的店员、苦力、学徒、佣人们的“省钱智慧”。

系统混乱，效率低下。当时英国的邮政系统乱到什么地步呢？光是伦敦就有三个不同的邮政机构：“两便士邮政”负责伦敦及其郊区的通信；“外国邮政”负责海外通信；“内地邮政”负责整个国家的邮政系统。三家邮政机构独立运转，都有自己独立的员工和办公地。首都如此，其他城市更是乱象丛生。爱尔兰有 295 个“便士邮政”，苏格兰有 81 个，英格兰和威尔士有 356 个……这样繁复的邮政系统，送起信来那可真是事倍功半！再加上那样复杂的计费细则，可想而知，当时的邮政工作人员得花多少时间和精力计算每一封信的邮资。而从收件人那里收取邮费，往往更令人头疼，有时候送一趟收不到钱，还要跑第二趟、第三趟。当时的一个实验表明，如果邮递员送信加收费用的话，一个半小时只能送 67 封信；如果不需要收钱，半个小时就能送 570 封信！

滋生腐败和不公。邮资由收件人交给邮递员，邮递员交给邮政局局长，邮政局局长交给邮政总部……其间时常有人中饱私囊，上缴的钱被一层层地“刮油水”，甚至有不法分子对邮递员谋财害命。另一方面，议员等少数特权阶层只需在信封上签名即可免费邮寄，有的人便将自己的特权签名与亲朋好友分享，甚至卖签名赚钱。1794 年的一天，伦敦邮局寄出了 10.3 万封免费邮件，且寄件人地址都是某银行！据统计，这种“免费邮件”导致英国邮政每年损失收入高达 100 万英镑，但是特权阶层知法犯法，谁管得了呢？

这些乱七八糟的问题，甚至催生了一个让现代人难以理解的犯罪产业：走私信件！我们听说过走私毒品、走私军火、走私动物……可你能想象吗，在 18、19 世纪的英国，有的地方干这种走私信件的勾当，甚至已经干了 100 多年！最低只需要花费 1 便士，就能绕过官方邮政系统，让走私者怀揣你的信，偷偷摸摸地送到另一个城市。

在货栈主人的包裹里，在工厂主的模具里，在织工的口袋里，在农夫的箱子里……你想得到和想不到的任何地方，都有可能夹带着走私的信件。有人一天走私 60 封信；有人被捕时被搜出 1100 封走私信；一个出版商兼书商东窗事发前，已经走私了约 20000 封信。“鼎盛”时期，曼彻斯特的信件有 5/6 都是走私的。它们的走私生意甚至做到了海外，每隔 10 天左右，就有一艘轮船载着约 4000 封走私信件开往美国，而几乎每艘轮船经纪人的办公室里都会明目张胆地挂着一个收走私信件的袋子。后来，连皇家邮车的车夫和保镖也加入了走私的行列。让人啼笑皆非的是，这么做有时不是为了捞钱，而是为了使邮件更快到达收件人手中。走私的效率竟然比官方邮政更快！

信件走私如此猖獗，政府采取了什么措施呢？罚款！每封走私信件罚款 5 英镑（1 英镑 = 20 先令），如果走私行为达到一周就罚款 100 英镑。仅此而已。可想而知，这不可能遏制走私，甚至有的走私者还跟执法者达成了默契——把罚款当成保护费。

正当罗兰·希尔为调研邮政问题而焦头烂额时，他发现自己不是一个人在战斗！两年前，刚刚当选议员的罗伯特·华莱士就公开抨击邮政系统的人浮于事、故步自封以及各种规定的复杂难懂，他提请政府进行邮政改革。1835 年，政府任命了一个委员会调查邮政部门的运营情况。在接下来的两三年里，委员会提交了几份报告，提出了一些改革建议，推动了至少 5 个与邮政有关的法令于 1837 年通过，让部分邮政管理制度得以完善。但这都是些小修小补，而最核心的邮资问题则一直被避而不谈。

快要失去耐心的华莱士结识了志同道合的希尔，便将希望寄托在他身上，把自己掌握的所有相关资料一股脑儿全部给了他。就像武侠片里被高手传授了毕生内力一样，希尔“神功大进”，很快于 1837 年写出了《邮政改革：其重要性与实用性》，对英国邮政体系提出了彻底改革的构想。

根据自己的调研、分析、计算和总结，希尔在方案中指出：考虑到人口增长和经济发展，在过去的 20 年间，英国每年的邮政收入应该至少达到 50 万英镑，而事实上不仅达不到，还有逐年下降的趋势，这种反常现象的罪魁祸首就是高昂的邮资，且进一步阻碍了宗教、道德、知识和贸易等领域的发展。

希尔提出了改革的三点核心建议：降低邮资、统一邮资标准、邮资预付。举例来说，不论路程远近，只要重量不超过半盎司（约等于 14 克）的邮件，一律只需付费 1 便士，且邮资应由寄件人预付。相应地，国家需要发行作为邮资预付凭证的票据。

这么做有什么好处呢？希尔给出了自己的计算结果：此举将会使邮政业务量增加至少 4 倍，每年的花费约为 65 万英镑，每封信的平均成本将降至 0.32 便士。如果官方的邮局能够提供廉价、便捷的服务，谁还会指望那些朝不保夕的信件走私者呢？

希尔热情满满地将自己的方案呈递给当时的财政大臣，然后很快就体会到“理想很丰满，现实很骨感”。在这个守旧派当道的国度，想改革哪有那么容易，何况是这么大刀阔斧的改革！反对的声音如潮水般涌来，最严厉的批评者正是英国邮政负责人马伯里，他 1836 年上任，直至 1854 年调离，任期内一直强烈反对希尔的改革。马伯里嘲讽希尔是个门外汉，妄图“外行指导内行”，说他的计算漏洞百出，要是邮资真的降到了 1 便士，得经过半个世纪，收入才会和原来持平——在那之前邮局职员们早就饿死啦。

还好，“队友”罗伯特·华莱士一直坚定地站在希尔这边，虽然他的委员会一开始也没有全盘支持希尔的主张。希尔还得到了工商业阶层的广泛支持，第一次工业革命发展到当时，工商业者已敏锐地发觉邮政改革有利于信息传递，有利于他们赚钱。

第二年，事情有了转机。1838 年 2 月，大商人约书亚·贝茨成立了商人委员会，一面向议会请愿，向首相推荐希尔的改革建议；一面发行报纸宣传希尔的主张，争取公众舆论的支持。不久后，在近 15 万份报纸的宣传攻势下，2000 多份要求邮政改革的请愿书雪片般飞向议会——商人们征集到了 26 万个签名，其中甚至包括伦敦市长的。等到“自由贸易之使徒”理查德·科布登、“天主教解放者”奥康奈尔这样的社会改革精英也聚集到希尔周围时，希尔知道，胜利的天平已经向自己倾斜了。

有了社会各阶层的有力支持，在英国下院议员的不断提案和公众的热烈响应下，希尔的邮政改革开始得以逐步推行。1839 年 8 月

17 日，伴随着民众的欢呼声，英国议会通过了实行统一邮资标准的“1 便士邮资法”和预付邮资制度，次年 1 月，该法案得以在全国范围执行，不但实行了低廉邮资，而且为表明人人平等，维多利亚女王带头为她的私人信件支付了邮资。希尔长舒一口气，邮政改革终于获得了阶段性的成功。

来不及欢庆，刚刚调入财政部的希尔和同僚们马上投入了一件更重要的事务中去——还记得上文改革方案中提到的“国家需要发行作为邮资预付凭证的票据”吗？1839 年 9 月 6 日，英国议会向社会公开征集对“邮资预付凭证”的意见和设计图稿。好消息是民众踊跃参与，截至 10 月 15 日，共收到了 2600 多个来稿，坏消息是其中一个令人满意的也没有。

希尔再次冲锋在前，他与设计师威廉·维恩、雕塑家查尔斯父子等人一同努力，在征集稿的基础上经过进一步设计、修改、调整，以及大开“脑洞”，终于创造出了世界上第一枚邮票！它的图案是维多利亚女王的侧面肖像，面值为 1 便士，用黑色油墨印制，世称“黑便士”。寄信人只需要从邮局购买邮票贴在信件上，即可证明邮资已付。

设计好的“黑便士”邮票由帕金斯·倍根公司印刷，作为有价证券，使用了当时欧美国家印钞时已普遍采用的最先进的雕刻版印刷工艺，并使用了难以伪造的王冠水印纸。除每枚邮票都有一个王冠水印外，邮票的下部左右两角还各印有一个字母序列号，由每枚邮票下角的两个字母可以准确地判断它在全张邮票中的位置，如一枚邮票左下角的字母是 A，右下角的字母是 C，那么这枚邮票便是第一行的第三枚。这种防伪措施直到今天看来仍不过时。

作为邮政改革的伟大发明，“黑便士”比较短命，仅仅发行了不到一年时间英国人就发现，常用的邮戳“马耳他十字戳”是黑色的，盖在“黑便士”上难以辨识是否销过票。因此 1841 年年初，英国邮政就决定停印“黑便士”，改用红色油墨印刷发行面值为 1 便士的新邮票，世称“红便士”。不过这个时候，“黑便士”已累计发行了高达 6800 万枚。

中国邮政2015年发行的《罗兰·希尔与黑便士邮票》纪念邮资明信片

1846年起，希尔担任英国邮政总局局长秘书，仍然孜孜不倦地继续推进邮政改革，以至于连他的兄弟都拿他开玩笑：“当你上天堂的时候，你会站在天堂门口问圣彼得：‘每天你们要送多少信件？从天堂到其他地方的通信是怎么收费的？’”1864年希尔退休时，英国邮政每年寄送的信件已达6.75亿封。1879年8月27日，罗兰·希尔爵士在家中去世，次年英国信件突破9亿大关，这还不包括8000万张明信片及1.25亿份报纸。

一个多世纪后的今天，小小的邮票早已不只是邮资凭证，人们亲切地称其为“国家名片”。在这方寸空间里，你可以领略一个国家或地区的历史、科技、经济、文化、风土人情、自然风貌等特色，各式各样的选题和造型、五彩缤纷的图案，都让邮票除了邮政价值之外，还常常成为收藏品，“黑便士”珍邮就曾拍出500万美元的天价。

进入21世纪，通信科技的日新月异让还在写信寄信的人显得凤毛麟角，可能有朝一日邮票也会退出历史舞台，但人类永远不会忘记那位为英国乃至世界邮政史作出了巨大贡献的“邮票之父”，不会忘记1840年5月6日，伦敦泰晤士河边的邮政总局里人声鼎沸，那位长着络腮胡子的邮政改革先驱提起笔，难掩激动地在日记本上写下：“今天，邮票第一次在伦敦问世，邮局里喧闹异常。”

12 美国邮政史上的交通工具

◇ ……………………

美国的邮政历史可以追溯到英国殖民时期，在当时，想要寄信的人只能依靠朋友、商人和美洲原住民在殖民地之间传递。那时候的信件传递局限于一个很小的范围，基本上在殖民者和他们的祖国英国、荷兰或瑞典之间进行。到了1639年，为了应付日益繁多的信件，殖民地出现了第一个正式的邮件服务机构。与欧洲使用咖啡馆和酒馆作为邮件站的做法一致，美国马萨诸塞州法院指定波士顿的理查德·费尔班克斯酒馆作为从国外发送或者中转邮件的官方钦定场所。

1673年，纽约州州长弗朗西斯·拉夫莱斯设立了一个每月往返于纽约和波士顿之间的邮局，这项服务维持时间很短，被称为老波士顿邮政路，是今天美国一号公路的一部分。宾夕法尼亚州州长威廉·佩恩在1683年建立了该州的首家邮局。在美国南部，是以黑人奴隶为主要劳动力的种植园，承担大多数送信任务的是奴隶，他们将信件在种植园之间传递，如果没能在规定时间内将邮件转发到下一个种植园，罚金是一桶烟草。随着种植园从港口地区向内陆扩张，邮政通信网络也随之扩张开来。

以英国中央政府的名义开办邮政在1692年之后才进入北美殖民地。当时，英国政治家托马斯·尼尔从英国皇室那里得到了一笔为期21年的拨款，用于建立北美邮政系统。从未去过美国的尼尔任命新泽西州州长安德鲁·汉密尔顿为副邮政局局长。1699 年，托马斯·尼尔因为邮政收益太低而将自己在美国的权益转让给安德鲁·汉密尔顿和另一位英国人罗伯特·韦斯特。1707 年，英国政府从韦斯特和汉密尔顿的遗孀手中买下了北美邮政系统的权利，随后任命汉密尔顿的儿子约翰为美国邮政局副局长。约翰一直任职到 1721 年，继任者是来自南卡罗来纳州查尔斯顿的约翰·劳埃德。

1730 年，弗吉尼亚州前副州长亚历山大·斯波斯伍德成为美国邮政部副部长。1737 年，本杰明·富兰克林被任命为费城邮政局局长，当时这位伟大的科学家兼《独立宣言》起草人只有 31 岁，已经是一位成功的印刷工、出版人和公民领袖，他后来成为他那个时代最受欢迎的人之一，也是后来的“美国国父”。1753 年 8 月 10 日，富兰克林与弗吉尼亚州的威廉·亨特一起被任命为英国邮政总局局长。在美国独立战争期间，富兰克林利用担任邮政局局长的便利，大造舆论，在一定程度上支持了独立战争，由此也被英国政府认为同情美国独立而被罢免了职务。1775 年，富兰克林成为第二届大陆会议的成员，并于同年 7 月 26 日被任命为邮政部部长，他也是美国历史上第一任邮政部部长。

本杰明·富兰克林纪念邮票

1787 年，随着《西北法令》的实施，美国的领土向中西部延伸。1803 年购买路易斯安那州后，其领土延伸到密西西比河下游，向西延伸到落基山脉；到 1840 年左右，美国领土延伸到太平洋海岸，全国人口从 1790 年的 390 万增长到 1860 年的 3140 万。邮政网络伴随着早期美国的开疆拓土而不断扩张，邮局的数目从 1790 年的 75 个，增加到 1860 年的 28498 个。邮政道路从 1819 年年初的 95157 千米，增加到 1823 年年底的 135776 千米，可以为 22 个州的公民服务。

对 19 世纪的美国历史而言，美国的长途通信发展的任何重大转折点都围绕着新技术，尤其是交通运输领域的新技术展开的。那些叱咤风云的汽船、运河、铁路等，实实在在地促进了邮政业务的拓展。到 1800 年，遍布美国的邮局已经购买了许多驿马车进行邮件运输，并辅以邮政道路的修建，之后司空见惯的四轮马车就成了大道街衢上亮丽的风景线，在车辚辚、马萧萧中日夜奔波。

19 世纪是一个风起云涌的大变革时代，蒸汽机开始大规模推广，蒸汽轮船借助于大陆的内河网络用于邮件运输。比如 1807 年 9 月，罗伯特·富尔顿创办了美国第一个成功的汽船航线，通过哈德孙河连接了纽约市和奥尔巴尼，尽管富尔顿的蒸汽船时速只有 9.6 千米，却具有划时代的伟大意义，这是人类历史上第一次用化学能替代生物能的交通变革。

富尔顿的蒸汽轮船航线一旦开通，其巨大优势就显现了出来，立刻与陆地邮政系统展开了竞争。1808 年 11 月，富尔顿的汽船航线开始运送邮件，但是都由船员或者乘客私人携带，他们这种做法肯定是绕过了邮局这个官方机构，成为独立于官方邮政之外的私人邮路。这对于官方邮政系统而言是不可接受的，毕竟流失了邮件，就是流失了财富。在这种情况下，官方邮政局就找上门来，与富尔顿进行洽谈，提出了一种利益分劈模式，通过汽船邮线递送的信件，一封信的费用是 6 美分，其中向船长支付 2 美分。1810 年，邮政局局长吉迪恩·格兰杰向富尔顿提供了一份承运邮件的合同，也许是感觉利益不大，后者拒绝了邮政局的好意。

1812 年，第一艘往返于密西西比河下游的商业汽船“新奥尔良号”开始将邮件从新奥尔良运送到密西西比州的纳齐兹，当时同样没有签订邮件运输合同。1812 年 12 月，纳齐兹的邮政局局长约翰・汉金森提醒格兰杰，随着越来越多的信件绕过邮局，官方邮局的收入正在下降，汽船在抢他们的业务。改变这种状况，或者双方加强合作，或者展开激烈竞争。最好的办法当然是合作。到了 1813 年，美国国会才授权邮政局局长可以用汽船承包运输邮件的合同，前提是邮船运输的费用不能高于陆路运输。格兰杰告诉汉金森，他可以和“新奥尔良号”的船长签订一份邮件运输合同，但是汽船公司明显是不愿意合作的，承包运输合同又流产了。

总这样也不是办法，官方邮局不能眼睁睁地看着汽船邮路被私人把控，那只能采取行政和法律手段进行打压。1815 年 2 月 27 日，美国国会授权邮政大臣与汽船公司签订运输合同，并且规定任何人私自携带邮件上船都要被课以重罚。1823 年，美国国会宣布蒸汽船定期行驶的水路为官方邮路，私人快递公司如果在这些水路上运送邮件是非法的。这样，汽船公司邮政业务被官方收入麾下。在 19 世纪中期，邮局部门大大扩展了蒸汽船运送邮件的范围，在 1845—1855 年间，蒸汽船的远距离邮件运输几乎翻了一番，从 12200 千米增加到 23390 千米。

1848 年，加利福尼亚发现金矿后，西部移民激增。随着人口的增长，通过美国邮政将加州与美国其他地区连接起来的需求也随之增加。随后有三条通往加州的陆路邮线先后开通。第一条陆路邮线开通于 1851 年春天，通过盐湖城将邮件送到加州首府萨克拉门托。然而，陆路邮件服务并不稳定和安全，部分原因是内华达山脉的暴风雪阻碍了冬天大部分的旅行时间。其间，为了解决这个难题，一些邮件承包商不得不改变路线，不通过积雪的内华达山脉，而是将邮件改向南发送，从旧金山出发，先用汽船将邮件向南发送到洛杉矶附近的圣佩德罗，然后通过陆路到达盐湖城。不过，这条路线只是权宜之计，远未达到正常的服务水平。

1857 年，第二条陆路邮递路线建立，经由得克萨斯州的圣安东尼奥，到达加州的圣迭戈。这条路线也好不到哪里去，因为奔走的邮差们经常受到印第安人袭击，有时候暴发的洪水和托运牲畜的短缺都会带来很大的挑战。旅途艰难的时候，乘坐邮车的乘客有时不得不下车步行，以减轻骡子的负担，这些可怜的牲畜累得快要倒毙。有时候，他们还要帮忙将陷入困境的邮车推出泥坑。

第三条通往西部的邮递路线是巴特菲尔德陆路邮递，这条路线最长，也最具传奇色彩。1857 年，国会授权邮政总局局长可以与承包人签订一份合同，将信件从密西西比河上的某处运送到旧金山，政府给予启动资金 60 万美元。最终一个叫约翰·巴特菲尔德接受了这个挑战，开通了美国最长的一条陆上邮路。这条路线有两个起点，分别是圣路易斯和孟菲斯，向南到达得克萨斯的埃尔帕索，再到加州的南部，最后向北到达旧金山，全长约有 4500 千米。巴特菲尔德陆路邮递从 1858 年 9 月 15 日开始运营，采用四轮马车作为交通工具，每周安排一次服务，全程跑完需要 24 天。这是美国太平洋铁路开通之前，美国线路最长和旅行时间最长的陆地运输。

19 世纪 60 年代，在横跨东西海岸的美国太平洋铁路建成之前，还有一个著名的快递组织活跃在历史舞台之上，虽然时间很短，但是成绩足够优异，这就是“小马快递”，其发起者是美国商人威廉·拉塞尔，运营时间从 1860 年 4 月 3 日至 1861 年 10 月 26 日，服务区间在美国密苏里州和加利福尼亚之间，全程 2897 千米。这条邮路设有 157 个驿站，每天途中要换马 6—8 次，虽然运营了仅仅 18 个月，却起了很大作用，它将信息在大西洋和太平洋沿岸之间的传播时间缩短到大约 10 天。

1860 年的“小马快递”邮戳

“小马快递”没用四轮马车，而是利用骑手送信，为此，威廉·拉塞尔还专门在报纸上刊登招聘广告，内容也十分有趣：“招聘年龄不超过 18 岁的年轻、‘苗条’的小伙。他们必须是愿意每天进行死亡冒险的熟练骑手。孤儿优先录用。”好在这个国家到处都是优秀的马匹和骑手，他们能够勇敢地挑战沙漠和高山，能够抵御夏季的干渴和冬季的冰雪。骑手们在被雇用之前，必须对着《圣经》发誓不咒骂、不打架、不虐待他们的动物，并且行为要诚实。

“小马快递”百年纪念邮票

1860 年 4 月 3 日，“小马快递”正式营业，开始在密苏里州、堪萨斯州、内布拉斯加州、科罗拉多州、怀俄明州、犹他州、内华达州和加利福尼亚州的部分地区运行。骑手平均每天骑行 120—160 千米，在相隔 16—24 千米的中转站换马，他们会迅速地将邮件转移到新的坐骑上。从密苏里州的圣约瑟夫到加州的萨克拉门托，“小马快递”运送的第一封邮件用了 10 天时间，把从南方路线陆路运送时间缩短了一半以上。最快的运送时间纪录诞生于 1861 年 3 月，当时亚伯拉罕·林肯总统的就职演说只用了 7 天 17 个小时就从圣约瑟夫送到萨克拉门托。1861 年 10 月 26 日，也就是横跨美国大陆电报线路建成两天后，“小马快递”正式停运，累计运送的邮件超过 35000 件，这个快递组织也成了西方经久不衰的传说之一。

自 19 世纪 30 年代蒸汽机车引进美国之后，利用铁路运输邮件也就水到渠成了。1837 年，美国邮政总局任命了第一位运输代理商约翰·肯德尔，负责在纽约州奥尔巴尼和尤蒂卡之间利用铁路运送邮件。1838 年 7 月 7 日出台一项法案，指定美国所有的铁路为邮政路线，这使得铁路邮件服务迅速增长。铁路的广泛使用大大缩短了邮件的运输时间。例如，在 1835 年，从纽约市到北卡罗来纳州罗利的邮件大约需要 94 个小时。两年后，时间被缩短了近一半，为 55 个小时。到了 1885 年，运送时间又减少了一半多，只有 19 个小时左右。邮件运送时间的减少，与火车速度的不断提高以及铁路大规模修建密切相关。

这是在 20 世纪来临之前，美国邮政交通所采取的一些措施，这也是世界上其他国家普遍采用的交通模式。邮政业务的发展与交通发展密切相关，信息传递的速度也随着交通方式的升级换代而突飞猛进。进入 19 世纪末至 20 世纪初，随着电报的发明和汽车、飞机的出现，邮政业务迎来了史无前例的巨大变化，又将开启一个令人振奋的信息大发展时代。

13 电报发明引发的邮政革命

◇ ……………………

位于18—20世纪初的西方国家，得益于工业革命的红利，在很多科学技术领域都取得了压倒性的成就，无论是交通方式方面用化学能取代生物能（从步行、车马牛骡等落后的交通方式发展成用煤炭驱动的蒸汽机车和用石油为燃料的内燃机车和汽车），还是电力的应用普及和电磁学的发展，都让整个世界发生了翻天覆地的变化，各种新技术的层出不穷，让之前极度依赖交通的邮政业务也开始脱胎换骨，进入发展的快车道。而且庞大的邮政系统，也因为技术分工不同，后来发展成邮政和电信两个性质相近却又存在巨大差异的业务领域，支配着我们的生活。在近代电信技术刚刚起步的年代，它们在邮政羽翼的庇护之下，积蓄着力量，创造着奇迹，只等待振翅高飞的那一天。

上文中我们介绍了一个异常短命但却取得了很大成就的邮政组织——“小马快递”，这是一个由优秀骑手组成的强悍信差团队，在19世纪60年代，美国东西部因交通断绝而无法联系的岁月里，“小马快递”真正发挥了邮政快递的作用，让美国联邦政府能够将国土浩瀚的东西部地区维系于一线。

之前，由于信息阻滞，新开发的西部地区几乎独立于联邦政府之外，甚至在加利福尼亚州已经被批准加入美国联邦，加州政府竟然对此毫无所知，直到一周之后才得到消息。而 1841 年，威廉·亨利·哈里森总统去世的消息用了 110 天才到达洛杉矶。“小马快递”之所以名垂史册，和勇敢的骑手是分不开的，据说这里面有一口气跑完 620 千米的“水牛比尔”，有沿途遇险脸颊中箭被射掉 5 颗牙齿但是仍然坚持将林肯就职演说信息提前送达的“小马鲍勃”。在南北战争期间，美联邦政府和西部地区许多重要情报都是通过骑手来传递。

然而，即使“小马快递”的职业素养再高，献身精神再强，在降维打击的新技术面前，也是毫无还手之力。在运营了 18 个月之后，“小马快递”遭遇了大克星，那就是横空出世的“电报”。这个划时代的发明，终于突破了交通方式的限制，仅仅靠着架设的电线，就能以极快的速度传递信息，让天涯瞬间变咫尺，距离的禁锢被打破，人类社会进入了信息时代。

谈及电报，有一个人的名字如雷贯耳，即使在电报技术已经被淘汰数十年后的今天，以他名字命名的电码仍旧活跃在无线电爱好者的圈子里，这个名字就是塞缪尔·摩尔斯，他 1791 年 4 月 27 日出生在美国马萨诸塞州的查尔斯顿，是一位半路出家的电报发明家，他的正式身份是一名颇有成就的画家，业余喜欢研究和关注电学进展。摩尔斯在一次欧洲访问返回美国的轮船上，偶尔听到电学的最新进展，才突然灵光一闪，萌生了用电传递信息的想法，没想到这个想法竟然改变了世界，开启了信息时代的大门。

摩尔斯发明电报也并非其一人之功，因为他不是电学方面的科学家，对这个新兴的专业领域涉猎并不深，即使有好的想法，实施起来也很困难。所以他回国之后就开始将想法付诸实践，这才发现自己根本完不成。摩尔斯立刻组建了一个研发团队，其中的关键人物就是阿尔弗雷德·韦尔，他是一位颇有天赋的机械工程师，是他将摩尔斯的想法变成了现实。如果站在

塞缪尔·摩尔斯

19 世纪整个电学发展的高度去审视摩尔斯的发明，我们会发现，在他之前还有很多伟大的科学家作出了巨大贡献，摩尔斯也是站在前人的肩膀上将电报实用化并且进行了产业化。

如果向前追溯，电报成为远程信息传递手段的翘楚之前，是光学信号传递信息一统天下的时代。从最早的狼烟烽火，到 18 世纪末期的光学发报设备，都是这种技术的延续。到 1791 年，法国人克劳德·查普对光学发报机械进行了改进，使之能够传递更加丰富和复杂的信息。这个设备由望远镜、时钟、密码簿、机械臂和黑白面板组成，这些装置安装在山顶之上，利用可移动的大型臂杆以指示字母和数字，并通过两个望远镜查看相邻站点，最远可以将信息发送到 16 千米远的地方。为了解读这些信息，需要使用一个有 8000 多个条目的密码簿进行翻译。

19 世纪初期，电力领域的发展为电报的发明打开了大门。1800 年，意大利物理学家亚历山德罗·伏打发明了电池，电池能够存储电流，并允许在受控环境中使用该电流。1809 年，世界上第一台电报机由德国人塞缪尔·索默梅林于巴伐利亚发明成功，当时使用 35 条金线在水中发送信息，在大约 600 米外通过确定释放多少气体读取信息，尽管非常粗糙，但这是对早期电报方法的巨大改进。1820 年，丹麦物理学家汉斯·奥斯特通过用电流使磁针偏转，证明了电与磁之间的联系。在 19 世纪 30 年代，英国的库克和惠斯通团队开发了一种电报系统，该系统具有 5 个磁针，利用电流可以将它们指向一组字母和数字，他们的系统很快在英国被用于铁路信号传输。这些都为摩尔斯发明实用型的电报机奠定了基础。

摩尔斯最初设想的电报系统只用一根导线传输信号，将大地作为地线形成回路，并设置中继站避免信号在长途传输中衰减。而阿尔弗雷德·韦尔最先构想了用“点”和“划”的不同组合来表示 10 个数字和 26 个字母，这便是著名的莫尔斯电码。1843 年，摩尔斯和助手韦尔从美国国会获得 3 万美元资金资助，用以建立和测试他们在华盛顿特区和马里兰州巴尔的摩之间的电报系统。1844 年 5 月24 日，摩尔斯向韦尔发送了历史性的第一条电报信息，试验取得空前的成功。随后，借助进一步的创新，电报系统遍及美国和世界各地，成了世界各国不可或缺的信息传递设备。摩尔斯的绘画天赋只能让其勉强糊口，坐享电报专利却让他成为美国19世纪最成功的富翁。

在摩尔斯电报的基础上，发明家们不断进行改良，将电报传递的距离延长，直到建立起横跨美国大陆的电报系统，实现了美国东西部地区的信息即时传递。可以毫不夸张地说，在美国太平洋铁路和横跨美洲的电报系统建成之前，美国的东西部地区实际上是割裂的、不统一的，是交通和信息技术的进步，让美国各州融为一体，使其激发出了旺盛的生命力。

1860年，美国对电报产生了强大的商业需求，便谋划建立横跨美国东西部地区的电报系统。毫无疑问，这是一项巨大的工程，很多人认为这样的路线是不可能建立和维持的，但国会于1860年6月16日通过了法案，詹姆斯·布坎南总统签署了《1860年太平洋电报法案》，并授权美国财政部部长竞标建造这条电报线路，每年出资4万美元进行资助。经过激烈的竞争，另外两名原始竞标者退出，西部联盟电报公司成为唯一竞标者，并赢得了这项合同。这项工程历时数月，从1861年7月4日动工，到1861年10月24日竣工，沿线竖立起27500根电线杆，架设了3200千米的单股铁丝。工程起自内布拉斯加州的奥马哈，向西到达犹他州的盐湖城。工程竣工之后，加州首席法官斯蒂芬·菲尔德迫不及待地从旧金山向亚伯拉罕·林肯发送了第一批电文，在历史上留下了名字。

早在跨越美国东西部地区的电报系统建成的十年前，铺设一条横跨大西洋海底电缆将美洲和欧洲联系在一起的设想便被提出。1840年和1850年，就有以摩尔斯为代表的有识之士提议修建横跨大西洋的电报电缆。这个设想是如此惊人，工程量是如此浩大，必须有一个雄才大略经得起失败的人物才能完成，历史将这项功绩记在了赛勒斯·西菲尔德头上。如果我们了解了这位美国商人的坚持、努力、信心之后，就不由得肃然起敬。

西菲尔德颇有经商头脑，他34岁时就在造纸业中发了大财。他投资的第一个电报项目是纽芬兰的圣约翰斯与纽约市的电报线路，在接下来的十年中，他继续投入了大量资金，并召集其他发明者和投资者成立了几家电报公司。其中最著名的就是大西洋电报公司（ATC），由西菲尔德与海底电报专家、英国工程师约翰·布雷特和查尔斯·布莱特于1856年成立，旨在铺设跨大西洋电缆。英美两国政府都同意对该项目进行补贴。

在大西洋海底电缆项目实施之初，地面的电报业务已经形成了气候，并且在欧洲和美国已经部署了几条较短的海底电缆，技术上比较成熟。尽管如此，横跨大西洋电缆的长距离依然是巨大的挑战，特别是传输理论和电缆设计仍然存在很多争议。最终，这些问题在法拉第、汤姆逊等知名科学家的努力下全部得到解决。海底电缆的芯线由七股绞合在一起的铜线组成，其直径为0.083英寸（约0.21厘米），成品芯重为每海里107磅（约48.5千克）。铜芯被包裹在三层古塔乳胶中，将绝缘的芯子覆盖焦油麻，并用铁丝包裹，成品电缆的直径约为0.125英寸（约0.32厘米），重量超过4000吨，使用铜线和铁丝的总长度足够抵达月球。

大西洋海底电缆

铺设大西洋海底电缆，位置选择也很重要。在当时航海技术的帮助下，1853年，美国军舰“道芬号”测量出爱尔兰和纽芬兰之间这片水域下恰好是一个海底高原，最深处不到3.2千米，两地相隔3200千米，而且海床舒缓平坦，绝对是大西洋中“天造地设”

的海底电缆通道。万事俱备，只欠东风，在真正的工程实施之时，西菲尔德却没想到，自己要面临四次失败。由于电缆太重，当时没有合适的船只承载所有海底电缆的重量，因此将货物分成了两部分，交由两艘海军舰艇运输，这两艘舰艇分别是英国的“阿伽门农号”和美国的“尼亚加拉号”，对这两艘舰艇进行改装后，光加载电缆就花了三个星期。

1857 年 8 月 5 日，第一次铺设尝试展开，两艘军舰相继驶出爱尔兰的瓦蓝提亚湾向纽芬兰进发，但电缆仅仅铺设了 410 千米便突然断裂，首次出师却无功而返。随后在 1858 年 6 月和 1858 年 8 月先后组织了第二次和第三次铺设，总算取得了成功。1858 年 8 月 16 日，维多利亚女王用莫尔斯电码向美国总统发送了一条贺电信息，99 个单词发了 16 个半小时，可见长距离信息传输，信号衰减非常厉害，而且这条电缆只用了三周就损坏了。

由于海底电缆并未达到预期，很多人指责西菲尔德是骗子，这位商业奇才顶住压力，蛰伏了 8 年时间，联合汤姆逊等科学家解决了信号衰减难题，同时迎来了当时吨位最大的远洋轮船——大东方号。利用这艘轮船，西菲尔德又经历了两次尝试之后，终于彻底将海底电缆收拾得服服帖帖，取得了最终胜利。在海底电缆铺设期间，他曾经 4 年未回家，先后跨越大西洋 30 多次，以至于有媒体将西菲尔德称为当代哥伦布。英国著名科幻作家克拉克称大西洋海底电缆的重要意义不亚于将人类送上月球。1867 年，西菲尔德获得了美国国会颁发的金牌，并在巴黎举行的国际博览会上获得了特等奖，以表彰他对横跨大西洋电缆作出的贡献。

电报应用普及之后，又有两项重要发明震惊了世界，其中一个是 1876 年在美国费城世博会上出现的电话机，它让异地长时间通话成为可能。电话的发明者目前有 3 个人，一位是最早提出电话机设想的意大利发明家安东尼奥·梅乌奇，另一位是英国发明家亚历山大·贝尔，他在 1876 年 2 月 14 日于美国专利局申请了电话专利，第三位是一个叫格雷的人，他比较“悲催”，申请电话专利只比贝尔晚了两个小时。最终“电话之父”的名号送给了贝尔。直到 2002 年 6 月 16 日，美国众议院 269 号决议才声明安东尼奥·梅乌奇是电话的发明者，是货真价实的“电话之父”。

另外一项重要发明就是无线电报通信技术，这要归功于意大利无线电工程师和企业家伽利尔摩·马可尼，他1874年4月25日生于博洛尼亚，通过自学成才。1895年，21岁的马可尼在他父亲的蓬切西奥庄园开始了实验，成功地把无线电信号发送到了2.4千米之外的地方，成为世界上第一台实用的无线电报系统的发明者。

伽利尔摩·马可尼的第一台无线发射机

1897年7月，马可尼成立了“无线电报及电信有限公司”，后更名为“马可尼无线电报有限公司”。同年，他又在意大利斯佩西亚向政府演示了19千米的无线电信号发送。1899年，他建立起了跨越英吉利海峡的法国和英国之间的无线电通信业务。1901年12月，马可尼第一次让无线电波越过了康沃尔郡的波特休和纽芬兰省的圣约翰斯之间的大西洋，距离为3381千米，证明了无线电波不受地球表面弯曲的影响。由于马可尼作出的卓越贡献，他于1909年获得了诺贝尔物理学奖，时年35岁。

进入20世纪的邮政业务，在技术力量的推动下，取得了长足的进步，也改变了世界的格局。

14 蒲松龄救了邮驿“活化石”

◇

暮春时节，草长莺飞，这是康熙大帝统治下的第十个年头（1671 年）。面对窗外烟波浩渺的江淮好景，高邮盂城驿中的一位中年男子却无心欣赏，只顾呆呆望着驿馆，良久长叹一声——他，就是蒲松龄，这年 31 岁。日后写出奇书《聊斋志异》的伟大文学家，当时只是个乡试不中的穷秀才，前一年应好友高邮知州孙蕙之邀，从家乡来到高邮，做了盂城驿的一个幕宾，主管邮驿事务。

蒲松龄像

史料记载，唐代时这里是海上丝绸之路和日本遣唐使前往中原的必经之路，宋元明清时期，这里成为繁华的运河水驿。蒲松龄本以为此地是邮驿古城，应该是邮传发达，车水马龙，可没想到，大运河畔这江淮要冲眼下却是一副破败不堪、困苦难挨的景象。蒲松龄郁悒地闭上眼，脑海中浮现出高邮盂城驿1000 多年来的锦绣时光……

时间上溯到公元前 223 年的战国时期，秦王嬴政已经在位 24 年。两年后，他将会建立大一统的秦朝，自己也成为中国第一位皇帝——秦始皇，但当时，秦国刚刚灭楚，为了巩固统治，需要在当地建设邮驿。秦国人辗转寻得一处江淮要地，周围都是低洼沼泽湿地，只有这个地方地势略高，于是在此筑高台，建邮亭，“高邮”之名由此而来。

明代高邮知州赵来亨在《公馆记》中说：“高邮地当广陵、涟水交衢，两京通津，郡国之输将，华裔之朝贡，使命之巡行，咸取道焉。”经过秦汉等历代经营，高邮成为东西南北集散交融的中心枢纽，特别是隋朝开凿京杭大运河后，便利的水路穿城而过，极大地推动了当地的邮驿发展。后来清初小说《醒世姻缘传》里夸道：“那高邮州的人物，生在一个古今繁华所在，又是河路码头，不知见过多少（世面）……”这样的图景在明初开设盂城驿时达到了顶峰。

明朝初年，百废待兴，朱元璋操心的一件要事，就是恢复和建立完备的交通和通信组织。明军每攻克一地，中央就派大臣去迅速修复道路和设置驿站。《明会要》记载，洪武元年（1368 年）正月二十六日，朝廷下诏，要求设置“各处水马站及递运所、急递铺”以强化邮驿。

朱元璋本来没什么文化，当上皇帝后居然嫌很多驿站的名字不好听——“俚俗不雅”，洪武二年（1369 年）下诏改“站”为“驿”，还令翰林学士考古修订，根据各地历史文化、风土人情、名家名作等背景，更改驿站俗名 230 多处，如扬州驿改为“广陵驿”，镇江驿改为“京口驿”，高邮驿站也在改名计划中。当时的学者为了改名可是绞尽脑汁、皓首穷经啊！好不容易翻到宋代著名高邮籍词人秦观的五言诗《送孙诚之尉北海》，一看里面有“吾乡如覆盂，地据扬楚脊。环似万顷湖，黏天四无壁”的诗句，大喜，引经据典大笔一挥，“盂城驿”的大名就此诞生。

除了改名，从洪武八年（1375 年）起，明朝对盂城驿进行了系统的建设、经营。当时的知州黄克明对盂城驿的选址可谓用心良苦。明《高邮州志》上绘制的《明代高邮州境图》中，清楚地标示出盂城驿北枕南城门望云门，南连马饮塘、盐塘，东临南、北澄子河，西依南门大街，扼踞京杭大运河要冲，毗邻城南风光带，地理位置十分优越，是北京至南京的重要水路驿站。根据明朝的《维扬府志》《高邮三续州志》等记载的数据，盂城驿占地约 1.6 万平方米，计有正厅 5 间、后厅 5 间、库房 3 间、廊房 14 间、神祠 1 间、马房 20 间、前鼓楼 3 间、照壁楼 1 座、驿丞宅 1 所 12 间、夫厂 1 所 6 间……总计厅房 200 多间，史称“宏壮”。不仅驿馆建筑壮观，在运河大堤之上还建有“迎饯宾客”用的“皇华厅”一座。鼎盛时期，盂城驿配置有马夫 40 名、旱夫 35 名、水夫 170 名、驿马 65 匹、驿船 18 条、铺陈 60 张……“专在递送使客，飞报军务，转运军需等物”，集邮驿、公馆、交通、漕运等功能于一身，充分利用大运河便捷的水路运输，组建起庞大的邮政服务系统，大大提高了文书邮递的速度。

但那些辉煌都已作古，蒲松龄从遐想中回过神儿来时，窗外已是凉风瑟瑟、阴雨绵绵。三十年河东、三十年河西，盂城驿又是如何走到眼下这步衰败田地的呢？

原来明末清初战争连绵不断，社会经济遭到严重破坏，邮驿同样遭到战火的洗劫，同时财政困难的清政府为了减轻负担，不得不裁减驿站经费，裁撤驿丞，把驿站划归当地州县管理，以后又陆续撤并。如此一来，邮驿系统陷入了极大的窘境。顺治年间，保定巡抚王文奎视察驿站，哀叹：“道路荒凉，邮亭焚毁，人烟冷绝，车尘阙如。”就连顺治皇帝也承认：“近来驿递疲累至极，冲要地方尤为困苦，皆因马价、草料、工食等银，不敷应用。”到了康熙初年，政府整顿驿制，邮驿境况逐渐有所好转，可是当时广大江淮地区水灾连年，刚刚重病初愈的高邮盂城驿又一次遭受致命打击，加之过往驿使、官吏违例用驿者越来越多，康熙十年，盂城驿已经岌岌可危，濒临倒闭了。

蒲松龄摇了摇头，自己虽然只是不名一文的小小幕宾，来驿仅仅数月，非官非吏，人微言轻，但置身此情此景，实在无法不闻不问。也罢！自己既是读书人，理当奋笔疾书，呈文陈情，但求上报答挚友孙知州的知遇之恩，下无愧于馆里那些驿使马夫们的日夜辛劳。

不几日，蒲松龄面见知州，将一纸呈文交到孙蕙手上。在这封公文中，蒲松龄满腔热血，以笔为刀，文辞犀利地反映了自己短暂任期内了解到的种种弊病，字字血泪地描绘驿站面临的种种困难和困境：暴雨洪水造成了大灾荒“夫邮邑值从来未有之奇荒”；除了天灾肆虐，更有人祸连连“头站一到，家丁四出，登堂叫骂，鸡犬不宁”“夫船有供应矣，而又勒索马匹；廪给有额规矣，而又勒索折乾。稍不如意，凶焰立生，轮鞭绕眶，信口喷波，怒发则指刺乎睛，呵来则唾及于面”；他痛心疾首“粉身不足充夫马之度支，锉骨不足救驿站之倒毙”；他大声疾呼“救一线危驿！”。

高邮知州孙蕙看罢，扼腕叹息，深以为然，于是以此呈文上报扬州府，摇摇欲坠的盂城驿终于得到些许救助，得以喘息。

但是，蒲松龄没有等到盂城驿复苏的日子，当年秋天他就辞别孙蕙，回到了家乡。那不到一年的短暂幕宾生涯，并未留下多少政绩，但就如命中注定一般，蒲松龄在适当的时间出现在了适当的地点，最终以一纸文书挽救了中国邮驿的“活化石”。

归乡后，蒲松龄仍旧以教书、做幕僚为生，仍旧屡试不中，多年之后才以46岁补为廪膳生、贡生，直至76岁病逝，一生潦倒。后来的事情，蒲松龄无从知晓。康熙、雍正、乾隆三朝造就的康乾盛世，让我国古老的邮驿制度发展到了巅峰，盂城驿又迎来了200多年的闪耀。直到民国二年（1913年）一月，北洋政府宣布将驿站全部裁撤，盂城驿终于走完了苍老而豪迈的最后一步。

20世纪80年代，高邮县政府编史修志，1985年在文物普查时发现了盂城驿故址。我国古代邮驿遍及全国各地，但因年代久远，驿舍很少能保存下来，所以当时的发现引起了全国邮电、交通、文物工作者和驿站研究者的密切关注。1986年，中央和江苏的邮政史专家到当地考察后发现，盂城驿是全国尚存驿站中保存最好、规模最大、历史最悠久的一座。

《蒲松龄集》将蒲松龄300多年前为盂城驿撰写的那篇呈文收入第一册，并命名为《高邮驿站》。后来，《高邮驿站》成了人们深入研究蒲松龄、深入研究盂城驿的宝贵史料。

为了重现盂城驿的昔日辉煌，1995年，高邮市政府聘请东南大学潘谷西教授对其进行修整，根据史料复原了门厅、鼓楼、礼宾轩、回廊、马神庙、马房等建筑，古老的盂城驿被改造成了一座邮史、邮文化博物馆。古代驿站的功能结构与管理机制，从官员到马夫的生活起居空间、膳食方式，都被通过场景复原及实物展示的方式生动地再现出来。1996 年 11 月，盂城驿被定为全国重点文物保护单位。

盂城驿建筑

1995 年 8 月 17 日，我国发行了《古代驿站》特种邮票，第一枚就是盂城驿；2015 年 4 月 4 日，我国发行了《中国古代文学家（四）》特种邮票，第一枚就是蒲松龄。时隔 300 多年，蒲松龄与他以一己之力挽救的盂城驿，在方寸之间再次因邮聚首。

时至今日，全国市县中唯一以“邮”字命名的，只有江苏历史文化名城高邮。去高邮旅游的人，走在当地最古老的街道南门街，远远地就能看到一座高大而精巧的石牌坊，匾额上书“皇华”二字，那就是中国邮驿“活化石”盂城驿的入口。高邮为纪念蒲松龄对盂城驿所作的贡献，在盂城驿中为他塑起了雕像。时空交错之间，我们仿佛还能听见秦汉的金戈铁马，仿佛还能听见明清的喧闹繁华，仿佛还能听见蒲松龄下笔如刀的振聋发聩之声：“救一线危驿！”。

15 镖局：民间邮递业的翘楚

◇

如果我们有幸穿越到清代中期，总有机会看到车辚辚、马萧萧的官道之上，一支有着几十人的团队满载货物，武装前行，这就是我们经常在武侠小说中看到的“押镖”“运镖”，也就是在交通物流不发达的古代，通过专门的镖局组织，承揽特定的货物运送业务。那些押送货物的人士，就是“保镖”，这个词也穿越历史的时空，一直沿用到今天，是安保人士的民间俗称。镖局既是古代民间物流业的典型代表，也是邮政业务在历史发展进程中的另一个分支。

镖局这个充满了江湖味道的称呼，也确实和乡野江湖密不可分。毕竟，官办的邮政业务服务重点并不在民间，仅各级政府之间的信息传递就足以让他们疲于奔命，遑论抽出额外的资源去满足民间的迫切需求了。有需求就会产生市场，民间快递组织应运而生，在一定程度上解决了私信传递的难题。然而，在古代路途奔波之中，其危险性和遭遇意外的概率比现在大多了，尤其是运送大宗且比较贵重的货物时，一旦被抢劫，损失也是惊人的。为了保证这些货物的安全，武装押运行业就顺理成章地出现了。

镖局运输车

追根溯源，镖局这个行当的起源有很多版本，一种说法是，镖局最早出现在明代的江南地区，称之为“标客”。在明代，商品经济发展迅速，在大运河沿岸的城镇中经济发展欣欣向荣，漕运为运河两岸的城镇经济尤其是商业发展提供了重要契机。当时在这些地区，河中帆樯如林、轴轳相连，岸边车马络绎、货积如山，金店、银号、药铺、染坊等店铺作坊遍布城内。经济发展了，商品流通变得更加频繁，便催生了护卫货物运输的镖局。根据明代《村江府志》等文献记载，明代万历年间，江南标布业务盛行，为了保护这些布商，标客便随之出现。这里的标布，指的是当地产的一种优质棉布，质量佳，纱支匀细、布身紧密、结实耐穿。染色或漂白后，可做成外套、马褂、靴面等。随后，随着江南地区标布的没落，标客也逐渐演变成了“镖客”。

第二种说法是在明代正德年间出现了名叫“打行”的民间组织，是由一些身体强健、剽悍，而且武功高强的人组织在一起所从事的一种职业，专为家产殷实之人提供保护，不仅看家护院，有时也充当“打手”角色，出则悬挂拳头标志的物品，以彰显其武力，称之为“铁拳”。一些学者们研究后认为，“打行”应该是后世镖局的雏形。

第三种说法比较保守，认为镖局的出现是在清代康乾年间，据说开创者是清乾隆时期的山西神拳无敌张黑五，他在北京前门外大街开设兴隆镖局。坊间流传的传说认为，张黑五是乾隆皇帝的拳师，他创立的兴隆镖局是华夏第一镖，得到了朝廷的首肯。这种传说应该没有多少官方依据，有镖局为了揽客需要为自己行业脸上贴金嫌疑。毕竟，在古代社会就有“儒以文乱法，侠以武犯禁”的说法，官方对身怀绝技的拳师和武林人士是持排斥态度的，很少有拜为座上宾的事情。

还有的学者经过仔细考证，证实镖局出现的时间最迟在康熙二十八年，这已经是非常精确的时间了。镖局的创始者为戴廷栻、顾炎武、傅山等人，目的是反清复明。镖局的出现，在一定程度上促进了清代晋商足迹远涉天下，还催生了近代银行雏形“票号”。

综上所述，镖客原来只是在水陆要道的客店里等候行商客旅聘雇护送的武林人士。到明朝后期，有人在北方晋、陕、冀、豫、鲁等省较为繁华的城镇上开设门脸，筹备车辆牲口，供行人商贩雇用，并聘请武林中人专门保护行人商贩的人身财产安全，这就是我们熟悉的“镖局”。

镖局一开始的服务对象是商户，随着业务的不断拓展，逐渐向官方拓展，也经常承揽官派任务，比如协助上缴赋税、转移资产、运送官饷和军事物资等。到了清末，北京最有名的镖局还有多个，分别是“会友”“永兴”“志成”“正兴”“同兴”“义友”“光兴”等，也形成了不小的势力范围。我们耳熟能详的《水浒传》中有“智劫生辰纲”的情节，就有对“押镖”“劫镖”的精彩描述。虽然《水浒传》写的是北宋故事，但其实反映的是明代现实生活。

在古代开设镖局，门槛是非常高的。首先必须得到官方的认可，其次还要和江湖人士搞好关系。前者做不好会变成非法组织，后者搞不定，会带来无尽的麻烦，影响生意，甚至关门大吉。镖局与镖局的关系，无论谁成立，都要把自己的成员名册送给对方，作为互相联络的根据。在路上，如果到了某一镖局所在地，则以行客拜坐客和递名片的方式进行拜访，且以先递名片者为最讲礼貌，会得到主人的尊重，这也是镖局之间联络感情的方式。

关于镖局的史料记载，按照当时的江湖规矩，镖局开张时，一个非常重要的仪式就是“亮镖”。“亮镖”很有讲究，如果亮不响，那这个镖局就开不成。“亮镖”要由总镖头下帖，请当地的官宦世家、富商豪绅、社会名流和武术名家来共同捧场。如果人缘不好，捧场的人少，那这个镖局就不好开；如果碰见“踢店”的，要是打不过，那这个镖局就更不好开。

好不容易熬到了开张，生意是否顺利则取决于掌门人。一个镖局的命运与掌门人是否能够胜任工作密切相关。毕竟镖局是以镖师人身为资本，以镖师的武术和江湖经验为商品的经营实体。镖局掌门人，也就是“镖头”的选择要满足以下几个条件，其一，要武艺高强，身手不凡，镖局这个特殊职业，干的是“刀口上营生”，武艺不精，难以服众，镖局也没有未来；其二，家底要深厚，缺钱肯定不行，一家镖局要雇用武师、家丁等人员，必须有一定的经济基础；其三，人脉要广，既能和官方搞好关系，也能够与江湖列强称兄道弟，这才能为生意打通道路。

镖局的核心力量就是镖师，也叫“镖客”或“把式”。镖局中以“镖头”为主，从属的那些人大都是和“镖头”有血缘关系或者师兄弟关系，总之是靠得住的一家人。镖局的组织结构分为两大类，一是主内，二是主外。主内的主要包括经营业务和维持镖局日常运转的“柜上”，这里除了有执事、账房和帮账外，还有厨师、丫鬟和跑街等杂役人员。主外的风险最大，要护送货物，出差在外。因为要保护财物的安全，这些镖师大都孔武有力，武艺高强。

镖局开张之后，就要将所运货物安全送达目的地，称之为“走镖”。镖局走镖，主要按走镖的路程远近、货物价值高低获取“镖利”。镖局与雇主商定后签订“镖单”合同，在镖单注明商号、货物名称、数量、起运地点、镖利多少等条款，双方确认后画押为凭。镖局护送到指定地点、商号取得所押送的货物，便完成了走镖业务。走镖通常由总镖头或镖局分号的镖头率领一众镖师，押运启程，带上接收镖物的清单和官府开的通行证就可以上路。至于沿线遇见的各种阻碍，就需要镖头随机应变、化险为夷了。

经营镖局，属于高风险、高支出和高收益的行业。高风险前文我们已经作了介绍，而高支出也不难理解，往往一个镖局养着百十来号人，日常支出都不是小数。所以镖局的经营成本一般由两部分组成，一部分是走镖路上的各种开支，主要包括走镖人员的衣食住行费用，有马匹随行时，还要核算马匹的饲养费用，走镖人员受伤时还需要开支医疗费等；另一部分是镖局店面的租金和日常生活开支，不仅包括平时维持店面经营的开支，而且还有各种各样的招待费用、应酬费用等。完成一趟走镖生意之后，所获的酬金扣除开支，再留下一些必要的公共费用，余下的再“按劳分配”。

史料显示，山西平遥著名镖局“同兴公镖局”的经营行情为每保一万两白银的镖，收 50 两白银的酬金。同兴公镖局历史上最大的一笔买卖就是为朝廷押镖。1900 年八国联军入侵北京时，慈禧太后和光绪皇帝仓皇西逃，曾将 93 万两白银交给同兴公镖局，让他们押送到西安。办完这次皇差后，慈禧太后亲赐他们一块“奉旨议叙”的匾额以资奖励。

山西平遥同兴公镖局

随着社会生活的日新月异，镖局承揽的业务越来越广泛，不但承揽运送私家财物，地方官府上缴的饷银也要依靠镖局运送。清朝中叶，随着山西票号的产生，镖局的主要业务就是为票号押送银镖，这就形成了镖局走镖的两大镖系：银镖和票镖。到了清末，随着票号的逐渐衰败，镖局继续拓展业务，为雇主保家护院。由于当时社会秩序颓败，法律松弛，拦路抢劫者并不鲜见，无论城镇还是乡村，都不是安宁之地，所以当时的显官富绅和出名大商号，都会请镖局派人进行保护。甚至有的外国人初到北京开设洋行银号，也要请镖局派人专门保护。同时，镖局还可以为一些有钱的客人押送衣物、首饰，这就形成了粮镖、物镖、人身镖三大镖系，最终形成六大镖系：信镖、票镖、银镖、粮镖、物镖、人身镖。

镖局走镖，可分为陆路镖和水路镖两类。陆路镖是沿着官驿大道，镖师或坐轿车或骑马跟随护送；水路镖则是利用民船跨江过湖，镖师就得兼通水性，随船保护。以陆路镖为例，清朝末年主要有以下几条大路线：东大路、西大路和北大路。西大路以河南开封为中心，通往开封以南的朱仙镇、许昌的八里桥、南阳，直到湖北、湖南和云贵各地；东大路包括山东的中西部，即自山东的历城、枣庄，走向江苏的徐州、南京、上海，一直去往福建、广东；北大路包括东北各省和热河一带。

走镖的形式也有“明镖”和“暗镖”之分。“明镖”就是将大帮客货，由车辆、驴马和夫役等组成一支队伍，插上镖局旗帜，镖师几人结队护送。晓行夜宿，过着“鸡鸣早看天，阳晚宿店”的行旅生活。“暗镖”是因为雇主不愿人众货杂，虚张声势，而要简装轻骑，快赶速行，以求早日到达的走镖形式。这类客商大都是贩运贵重货物，如珠宝、珍玩等轻巧微小的商品，也有新任官吏前往任所就职随行护送。

镖局在旧社会交通不发达、社会秩序不安定的年代里，对货物运输、商品流通起到了一定的社会保障作用。清光绪年间刊印的《商务官报》评论说：“中国所谓镖局，即一种运送保险业，往往自备器械，以御盗贼，亦间与盗贼通。查环球保险业，鲜有野于此者。”后来，由于社会的发展，各地公路、铁路相继通车，各类货物改由公路、铁路运输，迅速安全，运费低廉，逐渐取代了原来的人力推车和马拉大车运输业务，镖局生意日趋萧条。再加上现代保险业的兴起，保险种类逐渐增加，保险责任不断扩大，这一类似运输保险的民间运输安全保卫组织，便逐渐萎缩，一蹶不振，最终消失在历史的长河之中。

16 赫德：大清邮政洋人办

◇

1866 年的赫德

“明天我们将痛饮香槟酒，庆祝大清帝国邮政胜利建成并祝您长寿！”在昏黄的灯光下，罗伯特·赫德先生打开了下属兼密友金登干的贺信。信是 1897 年 2 月 19 日写成的，也就是赫德 62 岁生日的前一天。信中把“大清邮政开张”和“英国人赫德生日”这两件事相提并论，但丝毫没有“违和感”。毕竟提起中国近代邮政事业，赫德这个名字是绝对绕不开的。

大清咸丰四年（1854 年）春夏之交，19 岁的北爱尔兰人罗伯特·赫德来到中国，看到了一个内外交困的“天朝”：内有太平天国运动如火如荼，外有西方列强环伺虎视眈眈。这个聪敏好学、意气风发的年轻人立志在这片古老的土地上做出一番新事业，但他可能没想到，后来事业会做得如此之大。在接下来的半个世纪里，他将成为中国海关邮政乃至大清邮政史上的传奇人物，并且就此和这个没落的帝国紧紧地捆绑在一起。

在做了几年领事馆翻译之后，赫德进入海关，当了清朝的公务员，并很快崭露头角。他讲得一口流利汉语，为人谦恭而自制，又熟悉官场礼节，很快就跟士大夫们混熟了，并且深得大臣们的赞扬，甚至跟当时最重要的满族大臣恭亲王、文祥等都过从甚密。同治二年十月初六日（1863 年 11 月 16 日），清政府委派赫德出任中国海关的总税务司，第二年加正三品按察使衔，这一年他年仅 29 岁。

其实西方列强派官员“帮”大清打理海关，早在 1854 年也就是赫德来华那年就开始了，但是只有赫德成功地限制了海关公务员的贪腐行为。赫德知道“天朝上国”对近代国家体系几乎一无所知，他“贴心”地引进了整套的英国行政管理经验，帮助清政府建立了一整套科学、严密、高效的海关管理制度，借此将海关打造成为萎靡无能的晚清行政体系中最有秩序和效率的一个机构，成为贪污腐败盛行的清朝官场中的一抹亮色。在他的全面接管下，海关税收从 1861 年的 496 万两猛增到 1887 年的 2000 万两，占清廷财政收入的 24.35%。可以说，由于赫德在海关的努力与高效，成功地为大清帝国“续命”了若干年。

除了在本职工作上“尽忠职守”，在官场上和对外交流中，沉着圆通的赫德先生也与其他洋大人不同，他会更多地站在清政府的角度去思考问题，在为大英帝国谋利的前提下，尽可能地保全大清的“面子”。凭借这些本事，八面玲珑的赫德很快获得青睐，恭亲王奕䜣说：“赫德虽系外国人，察其性情，尚属驯顺，语言亦多近礼……”于是他开始在各种公私场合受到清政府的重用——甚至在原本不属于自己的业务领域。

欧洲各驻华使节在北京设立使馆之初，使馆和海关的邮件都由总理衙门代寄。1865 年，正值太平天国和捻军等农民起义时期，北京、镇江间战事不断，总理衙门负有“保安照料”各国往来文书的责任，非常害怕出现纰漏而引起“友邦惊诧”。这时，长袖善舞的赫德不失时机地表示：微臣一直对邮政事业有兴趣，要不……总理衙门一看，这不是“瞌睡碰到枕头”么！第二年就赶紧把递送各国公使馆邮件这个“烫手山芋”扔给了总税务司署兼办。

1866 年 12 月 19 日，赫德向上海和镇江两处海关下达了开办“京沪间经镇江的邮递服务”指令，开启了海关邮政业务。海关邮政，顾名思义，就是由海关兼办的邮政通信。随后不久，北京、上海、镇江、天津海关先后设立了邮务办事处，开始兼办驻华使馆往来文件。前文说到赫德最擅长制定制度，仅仅几个月后的 1867 年 3 月 4 日，他就公布了《邮件封发时刻表》和《邮寄资费标准》。刚开始，海关邮政的收寄范围仅限于使馆文件和海关本身公私文件。1868 年 1 月 7 日起，天津海关开始收寄普通外侨信函。

海关兼办邮政的最初十年发展迟缓，主要是因为当时旧势力的反对声音很多，赫德不得不采取稳扎稳打的策略。正如他在日记中写的：“我必须时刻牢记，海关是中国衙门，而非外国机关。既然如此，每个工作人员都必须围绕中国的利益开展工作，避免得罪中国，或引起中国人的反感。”虽然年纪轻轻就身居高位，但深谙中国文化的赫德非但没有“春风得意马蹄疾”，反而更加小心谨慎地在旧中国的官场中周旋。在此期间，赫德不断向清政府及洋务派官员游说，推广自己的邮政方案。历史证明缓慢推进的办法收到了正面效果，清政府对兴办邮政也越发赞许起来。

1876 年，为了解决“马嘉理事件”，中英双方展开谈判。赫德获得了总理衙门的授权，跑去怂恿英国公使威妥玛：朝廷已经有意向设立国家邮政局，南北洋大臣都表示支持我们，谈判期间您可得助力。结果不知怎的，威妥玛竟然左耳进右耳出，后来的《烟台条约》里压根儿就没有“要求中国政府开办邮政局”这一条款，搞得赫德非常不高兴。

到了 1878 年，赫德见京津两地间海关邮政已有所发展，就在 3 月 9 日委派天津海关税务司德璀琳，在北京、天津、上海、烟台、牛庄五地正式试办公共邮政。德璀琳很快建立了天津海关与总税务司署间的骑差邮路，并找了个叫胡永安的商人来承办邮递业务。从 6 月起，海关书信馆除了为洋人办理邮政业务，也开始收寄中国的私人邮件了。《清史稿》认为这是“中国试办邮政之始”。

我国 1988 年发行的《中国大龙邮票诞生 110 周年》纪念邮票

这一年的邮政标志性事件，也是最被后人特别是集邮爱好者津津乐道的，当然是海关邮政发行了中国第一套邮票——大龙邮票。全套邮票共有 3 种面值，分别是绿色的 1 分银、红色的 3 分银和黄色的 5 分银。因为先后分三期印刷，根据票幅和纸张等特征，又分为“薄纸大龙”“厚纸大龙”“阔边大龙”等异体品种。

大龙邮票虽然总发行量约有 100 万套，但消耗量大，留存的新票很少，存世的全张邮票更是仅有一件孤品，原为美国华邮集邮家吉姆司·施塔所藏，曾被中国著名集邮家周今觉誉为“西半球最罕贵之华邮孤品”。1991 年 9 月，这件孤品在英国苏富比公司拍卖，被中国香港集邮家林文琰以 37.4 万英镑买得，使这件流落在外的“中国第一珍邮”重归故土。

兼办邮政、收寄私信、发行邮票……赫德知道，这一切都离不开洋务派的大力支持。在重臣李鸿章眼里，赫德的“邮政试验”有益于洋务新政，有益于大清。所以他早就向总理衙门建议，鼓励赫德先试办海关邮政，并答应只要效果好，一旦时机成熟，就由他出面，正式建议朝廷开办国家邮政局。李鸿章还命令各军舰管带（舰长）将军舰准备离港的时间通知牛庄和天津的海关税务司，以便海关能利用机会托带邮件。

1880 年，赫德接受了德璀琳的建议，将“中国海关书信馆华文名称定为海关拔驷达书信馆，中国人的邮件和外国人的邮件都按同样的规定办理”。“拔驷达”，也就是英文“post”（邮政），不得不说翻译得还真是挺“信达雅”的，音义兼顾。1882 年 11 月，赫德公布了《海关邮局章程》，这不仅扩大了海关邮政的影响，还使更多的国人认识到了新式邮政的优点。中国近代邮政开始初具规模，体系日趋完备。

但 1883 年爆发的中法战争，打断了赫德创办国家邮政的计划。也许因为英国利益被损害，也许出于对中国的同情，他几乎是暴跳如雷地写信给金登干，咒骂法国人的暴行是“一连串恶毒的、不必要的、不公正的、毒辣的屠杀!”他祈祷“老天将给他们报应”，并一反平时谨慎持重的形象，作为一个主战派游说总理衙门：“正义站在你们这边!”

1885 年，浙江道台薛福成等清朝官员终于开始正式思考开办国家邮政来取缔“客邮”（列强在中国设立的邮政机构）的问题，此时距 1842 年英国私设“香港英国邮局”，已经过去了快半个世纪。随后李鸿章通过《关于浙海关税务司葛显礼邮政建议的通札》表明了态度：对国家办理邮政表示大力支持，并提出“各国在中国设立邮政局本与万国通例不符，中外条约亦无准设之款”，要求中国办理邮政，接管设在中国的客邮业务。看到曙光的赫德为了留在任上继续推进他的邮政事业，竟然放弃了英国政府任命的驻华公使一职。

然而，在这个日渐衰败的腐朽帝国，办新政的困难远超想象。一方面，朝廷担心取缔客邮会得罪列强；另一方面，旧势力坚称老百姓自办的民信局蓬勃发展，再搞国家邮政是多此一举、“与民争利”……就这样，各方势力又温暾地打了十年的口水仗，其间甲午中日战争又耽误了两年，时间一晃来到了 1896 年。

随着曾国荃、刘坤一、张之洞等重要官员的相继介入，开办国家邮政的事情终于有了眉目。1896 年，南洋大臣张之洞上折奏请开办国家邮政，总理衙门根据张之洞的主张和赫德所拟的邮政章程，拟了一个《议办邮政折》，建议由海关现办邮政推广，并与各国联合，以总税务司赫德专司其事，由总理衙门总理其事，奏请皇帝批准。3 月 20 日，热衷于洋务和变法的光绪皇帝看后，朱笔一挥，御批“依议”——大清邮政官局就此得到朝廷批准。次年 2 月 2 日，天津海关拔驷达局正式改名为天津大清邮政局，简称“大清邮政津局”。

直到这时，大清海关总税务司赫德已经苦心经营 30 年的邮政事业，终于获得了法定地位，升级成为国家邮政。但他 3 月 22 日给金登干的信是这样写的：“经总理衙门奏明皇上请兴办帝国邮政事，谕旨已于 20 日颁下，尚未送到我手，但就要送来了。因此，经过三十年的讨论和二十年的试行，最后，在我任内，邮政将成为事实。但是周围和前面还有种种困难，我必须默默地小心谨慎地着手筹办，并缓缓地稳妥谋求发展，不能仓促行事……”可以看出，对眼前那刚刚变得平坦一点的路，赫德仍然抱有一直以来谨小慎微的态度，也难怪，之前的路实在太坎坷了。

赫德为了中国邮政事业这么鞍前马后辛苦操持，他是一个无私的国际主义者吗？

答案当然是否定的。赫德虽然是“大清帝国的老朋友”，但他本质上还是大英帝国在华利益的代言人，他确实为中国的近代化进程特别是近代邮政事业做了很多好事，但这些措施的背后仍然是为了维护大英帝国的利益。中国首任驻英大使郭嵩焘曾经问赫德：“你到底是帮中国还是帮英国？”赫德回答：“我谁都不偏袒，就像骑马一样，只有坐中间才能坐得住。”郭嵩焘不依不饶：“如果有事不能保持中立呢？”赫德坦承道：“我固是英国人也。”

当然，不论动机如何，赫德在近半个世纪里的努力，成功地把中国的邮递业务推向了近代化。虽然由于近代中国半殖民地半封建的社会性质，新兴的国家邮政仍和海关一样，把持在西方列强手中，但比起中国古代官方封建落后的驿站邮政和民间低效且不稳定的民信局邮政，绝对是一大进步，这标志着中国公共邮政事业的萌生。

1899年，赫德以邮政总署的名义颁布了酝酿7年之久的《大清邮政章程》，这是中国历史上颁行的第一部现代意义上的邮政法规。11月12日，在给金登干的另一封信中，年迈体弱的赫德感叹：“总理衙门刚刚来信说，该衙门和北京市铁路矿务局将取消旧时官驿站的邮递办法，一切邮件都将经由我们的邮局传递，这意味着邮政业务有了发展，可惜为时太晚了。我希望我能年轻30岁，再工作30多年。各方面的发展刚刚开始，20世纪上半叶的中国将非常有意思！”

这个“非常有意思”的20世纪中国，赫德无缘目睹。1908年，已是正一品大员的老赫德获准离职回国休假，三年后的9月20日他在英国病逝，享年76岁。清朝追授他为太子太保，极尽哀荣。

短短20天后，武昌起义爆发，赫德效力半个世纪的大清帝国在民主革命的枪炮声中轰然倒塌。

17 昙花一现的“邮政节”

◇ ……………………

中国有很多节日。那么，你听说过“邮政节”吗？对一些人来说，他们可能听说过每年的10月9日是“世界邮政日”，但大多数人看到“邮政节”三个字都会一脸懵。也难怪，因为这个昙花一现的行业纪念日，在中国仅仅存在了短短两年。

1947年5月15日，主管邮政等事务的交通部宣布：“兹规定三月二十日为邮政纪念日。”定在3月20日，这日子有什么特别之处吗？还真有。1896年3月20日（清光绪二十二年二月初七），光绪皇帝批准了总理衙门的奏章，决定在全国推广海关邮政，并成立大清邮政官局。国民政府交通部据此把3月20日这一天定为官方的邮政纪念日，有承前启后、继往开来的意味。

回顾当时那个特殊的历史时期，邮政纪念日的确立，倒也确实可以算是一个承前启后、继往开来的时间节点：日寇侵华对中国邮政造成了极大的破坏，1945年抗战胜利时，我国的邮政业务已跌入低谷，服务质量不断下降，经营亏损逐年增加，加之交通拥堵，通货膨胀，物价飞涨，运输成本增加，邮政经济陷入空前危机。邮政是国民经济命脉之一，怎么收拾这个烂摊子呢？国民政府想到了一位“复合型人才”——俞大维。

这位堪称传奇人物的俞大维，1897年生于湖南长沙的名门望族：祖父俞文葆是清代举人，父亲俞明颐曾担任过当时中国最大出版机构——商务印书馆的董事，母亲曾广珊是曾国藩的孙女。俞大维，天资聪颖，且学习有方，自称“大考大玩、小考小玩、不考不玩”，但从小到大都是“学霸”：18 岁入复旦大学预科，19 岁以第一名考上南洋公学，1918 年赴美，在哈佛大学 12 门课全是 A，三年就拿到了博士学位。1925 年在德国柏林大学学习期间，俞大维的一篇论文刊载在德国当时最著名的数学杂志《数学现况》上，成为在该杂志发表论文的中国第一人，第二人是后来的著名数学家华罗庚。

1929 年 6 月，俞大维回国，后担任兵工署署长并兼任兵器教官，成为国民政府的军事、兵器专家，抗日战争期间对中国军队的武器装备供应和升级作出了贡献，以文官身份做到了陆军中将。中华人民共和国成立后，就连“中国科制之父”钱学森也高度评价俞大维是科学界的“先贤前辈”。

俞大维受命接任交通部部长后成了交通和邮政专家。1946 年 5 月，俞大维领导“中华邮政”开展了“邮政改良”，主题有三：“加速邮递、邮运稳妥、服务周到”，目的是适应社会发展的需求，扭转邮政亏损的局面。

总之，全国性的“邮政改良”运动就这么轰轰烈烈地开始了，其间俞大维努力革故鼎新，建立健全相关的规章制度，提高工作效率，推动“中华邮政”新创和升级了各种软硬件，多管齐下，先后创设了行动邮局、新式邮亭、赶班邮筒和航空邮政等业务，并提出四大目标：加快、安全、普遍、服务。

对邮政来说，“快”是天经地义的基本要求。“邮政改良”运动围绕“快”字做了不少文章，如开设火车行动邮局、特种邮筒。火车行动邮局挂在京沪铁路夜快车上，每夜在京沪两地对开，车内邮政员工通宵处理邮件，车到即送。上海邮局为便利公众，特在中正东路、西藏中路角，林森中路、常熟路角，静安寺、愚园路角，中正北一路、南京西路角及河南中路、南京东路角等 5 处设置特种邮筒，并在火车站设有邮亭。每夜 9 点半前投进特种邮筒，或 10 点 30 分前交到邮亭的信件，都能赶交当夜火车邮局，次日到达京沪沿线各地投送。

火车邮路跑起来了，飞机、汽车、摩托车也不能落后，为了解决交通拥堵导致邮递迟缓的问题，俞大维拍板决定，可利用空邮者，无论付航空邮资与否，一律交付空运。一时间空邮数量大增，高峰时邮件竟占全部空运量的10%。好消息是以往经年累月才能到达的信件，空邮几天即可送达；坏消息是此举成本高昂，邮路是繁荣了，亏损反而更大了。

距邮局较远的单位和个人，投寄信件不方便怎么办呢？1947年，邮政总局在南京市区创办了汽车行动邮局，不过由于条件所限，当时仅有3辆汽车，每辆车上也仅有3名邮局职员。汽车行动邮局与公交车同一线路，每天逐站停靠，市民可提前排队等车，然后买邮票、寄信——其业务也仅限于此，汇款、寄包裹还得去普通邮局。

汽车行动邮局

针对京沪线和上海经传邮件，同年，南京和上海还开设了摩托车邮路。邮递员驾驶摩托，每天分6次定点开启赶班信筒和特种赶班信筒，然后送上当天晚上11点发车的京沪快速列车。到了上海后，直接由等在火车站的摩托车邮递员进行派送。如果你“穿越”回当时的大上海，在街上看到邮递员身着同款制服，骑着同款摩托，后座上载着同款大包裹，一字排开送信的情景，会不会以为是送外卖的“某某骑士”呢?

“接地气”的俞大维为了方便老百姓，递交了有关邮政改良的意见和建议，邮政总局发布了《邮务改进意见书》，原文如下：“我们近数月来，集中力量改进邮务，对于信件之快速和安全，已收相当成效。现正力求改进服务。深信只有在公众爱护指导批评督促之下，方能纠正其错误，改进其服务精神与效率。请随时惠赐改进的意见！来函请寄‘南京交通部邮政总局’，只要将下附的小条撕下粘在信封上，无须另贴邮票。这是我们真诚的呼吁，不是一件公事，请把你们真实的意见不客气地写出来！”

“无须另贴邮票”——免费邮寄?1947 年 1 月，就有人在寄给邮政总局的信封上贴了意见书中提到的“下附的小条”，事实证明，它果然可以当邮票用！我们现在无从得知当时的信件里对邮政进行了怎样的评价，但这一“贴邮费讨骂”的举措起码反映了当时交通、邮政部门广开言路、开门纳谏的决心。

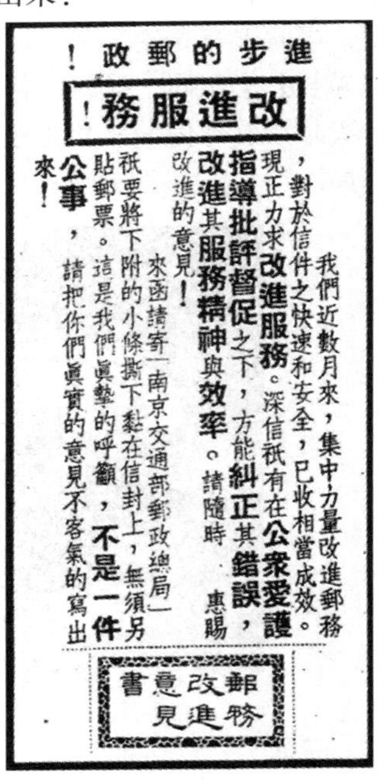
進步的郵政！

改進服務！

我們近數月來，集中力量改進郵務，對於信件之快速和安全，已收相當成效。現正力求改進服務。深信祇有在公衆愛護指導批評督促之下，方能糾正其錯誤，改進其服務精神與效率。請隨時惠賜改進的意見！來函請寄「南京交通部郵政總局」祇要將下附的小條撕下黏在信封上，無須另貼郵票。這是我們眞摯的呼籲，不是一件公事，請把你們眞實的意見不客氣的寫出來！

郵務改進意見書

邮务改进意见书

设立邮政纪念日（邮政节），也是“邮政改良”运动中的一个“新玩法”。当时交通部发出通知，要求各地邮政部门主要从文化和业务两方面开展相关工作：“邮政纪念日应由各局与当地主要日报商辟邮政纪念专刊，登载有关文字、照片、图表、借资宣传；同时各局应举行检讨会议，检讨业务设施及推进计划等，但不休假。”

根据这一政令，交通部邮政总局创办了杂志《现代邮政》。那个年代的杂志还算“新媒体”，地位大概相当于咱们今天的微博。《现代邮政》于 1947 年 8 月正式创刊，是当时邮政界唯一的官方刊物。1948 年 3 月 20 日发行的第二卷第四期，就是首届邮政纪念日的纪念特刊，北京大学校长胡适为第一届邮政节题词如下：

古人说，“家书抵万金”，邮政局做的事是替千千万万人传达他们的心灵——传达母子之间的慈爱、男女之间的恋爱、朋友之间的敬爱，每二十公分何止万金！所以，每一个邮差的勤劳，每一次邮差业务的改进，都在我们的心里得着最诚恳的感谢。

民国三十七年邮政节　胡适

题词中胡适写道“每二十公分何止万金”，为何用“二十公分”代表信件呢？原来1935年公布的《邮政法》中规定：“第一类邮件种类即信函类的计费标准，每起重二十公分或其畸零之数……”按此规定，每封信件的计费起重为二十公分，也就是20克。胡适用“二十公分”之轻对比“万金”之重，赞誉了邮政在当时民众日常生产生活中的重要性。

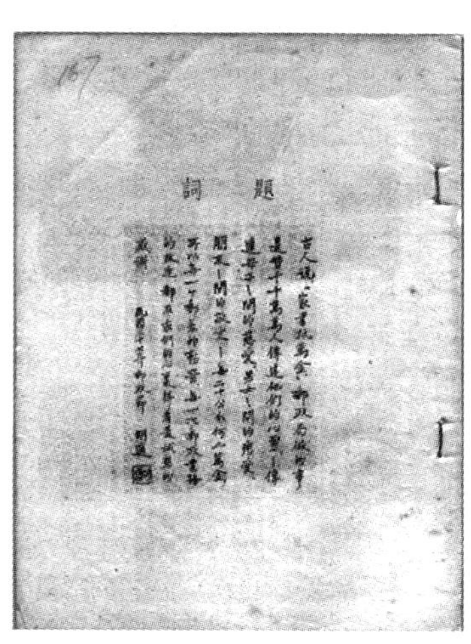

題詞

胡适给“邮政节”（邮政纪念日）的题词

客观地说，“邮政改良”运动确实在一定程度上给当时民众的日常生产生活带来了便利，可虽然成绩斐然，却耗资巨大，导致难以为继，有虚假繁荣之嫌。而且当时正值解放战争，国民党反动派军队在战场上节节败退，国民政府的统治因腐败无能而风雨飘摇，“邮政改良”也注定不能长久。

《上海邮电志》对此总结道："邮政电信的服务水平提高，窗口服务改善，邮递速度加快，博得社会好评。但不久因内战，政局动荡，交通隔绝，物价飞涨，邮电重陷困境，以致出现'信封贴在邮票上'的怪事。"一封贴满邮票，付了"巨额"邮资的信，却很可能永远无法寄达。因为当时很多信件要邮寄到很远的地方，但途中可能因为急剧的通货膨胀，导致投寄时原本需 4 万元的邮资，短短几天后寄达时已经涨到了 5 万元，经过沿途站点时邮资不足，寄信人又无法补缴邮费，只能欠费滞留。这种局面是当时邮政业乃至国民党当局全盘崩溃前夕的缩影。

"钟山风雨起苍黄，百万雄师过大江。"1949 年 4 月 23 日，距胡适为"邮政节"题词仅一年后，第二届邮政纪念日过去还不到一个月，解放军的红旗就插上了南京"总统府"，蒋介石败逃，作为学界领袖的胡适和作为军政高官的俞大维这一文一武，最终也分别赴台，从此终身再未能回到大陆，昙花一现的"邮政节"和"邮政改良"也随之转瞬即逝，曲终人散了。时至今日，胡适和俞大维早已先后离世，只有胡适的"邮政节"题词还静静地躺在南京的中国第二历史档案馆，无声地诉说着那段往事。

18 烽火岁月里的红色邮政

◇

在中华人民共和国成立之前战乱频仍的烽火岁月里，我国的红色邮政业务在凄风苦雨中艰难跋涉，以坚忍不拔的毅力和敢于牺牲的斗争精神，在内忧外患的残酷岁月里扎根发芽，最终长成了参天大树，为民族解放和中华人民共和国成立建立了不朽的功勋。战争年代的红色邮政，其最主要的职责是负责战时信息的传递和秘密文件的送达，很多时候还承担着重要人员的掩护过境任务，所以，称之为“红色军邮”会更加贴切一些。

谈起军邮，我们并不陌生，在前面的很多章节里面，或多或少都谈到了军事邮政的应用。烽火台上点狼烟，急递铺的快马加鞭，十二道金牌召岳飞回京，都是古代军邮的真实写照。出于不泄露军事秘密的目的，古代军邮有一套严密的保密措施，一般军事文书先用蜡封口，然后在蜡上盖上印章，而且军事文书的交接必须签字画押。同时，军事邮件用信物作为防伪手段，每个朝代的信物各异，到唐朝时才基本固定下来，那就是军邮以牌为信物，不同的邮递类型用不同的牌，黑漆底子写红字的是步递牌，黄漆底子写黑字的是马递牌，急递铺用的则是朱漆底子写金字，各种牌的规格有统一的标准，一般长六寸宽三寸，边缘画有老虎、凤凰、麒麟等图案。金字牌，是急递铺用的，只有在军情紧急的情况下才能使用。明清时期，军邮制度开始逐渐完善，清末裁驿归邮，建立了近代邮政，军邮开始有了新的发展。北洋军阀时期的1913年，察东镇守使王怀庆出兵蒙古平叛时，曾设立随军邮局，建立军事邮递所，同时期出现了军事邮戳。

中国共产党领导革命运动的早期，就非常重视邮政通信工作。为建立强有力的组织管理邮政业务，1924年5月，中央扩大执行委员会决议规定在中央组织部之下设“交通”职务，负责发送秘密宣传品。在1925年中央组织部的工作计划中，首次明确设立一名交通干事负责筹划秘密输送党的宣传品和函件，担任中央各机关间及中央与所在地地委间的交通职责。1925年，中共中央在《关于建立健全党内交通问题的通告》指出：“这种工作（指交通通信）在组织上的重要等于人身上的血脉，血脉之流滞影响于人的生死。”八七会议上，毛泽东等同志提出“应在全国组织交通网”，建立秘密交通基地和交通线路，加强党中央与各地党组织的联系，为领导革命取得最后胜利发挥了不可或缺的作用。

说起来容易，做起来极难。烽火岁月中，红色邮政面临的艰难困苦前所未有。土地革命时期，红色军邮面临强敌环伺的严酷形势，为打破当时的封锁，使革命根据地的信息流、物流、人流得以畅通，红色邮政人员采取多种通信方式保证信息的顺畅传递。比如有递步哨、传山哨这类纯粹通过年轻的农民和赤卫队担当的秘密送信机构，还有负责在各个根据地之间传递信息的秘密交通站、武装交通站，这类交通站的主要功能是传递文件，同时也负责运送重要物资、药品和食盐等必需品，必要时护送革命干部。武装交通需要配备一支短小精干的队伍，化装后通过敌人的层层封锁线。秘密交通多半在地下党组织的掩护下设立秘密交通站，交通员化装成小商贩、旅客、家庭妇女等，来往通信。除此之外，还有渡口哨、马哨等辅助办法，有时甚至能搭上国民党控制的“中华邮政”的便车，但是，这种方法因为风险太大只能偶尔为之。

1930年3月25日，第一家赤色邮政——闽西邮政总局建立，这套邮政班子很快整章建制，建立交通线路定期传递消息，还规定使用银圆，用公元纪年法。1931年11月7日，中华苏维埃全国第一次代表大会在中央革命根据地江西瑞金召开，成立了以毛泽东为主席的中华苏维埃共和国临时中央政府，准备组建苏区中央邮政局，主管全国邮政。

而中华苏维埃共和国邮政总局是在苏区中央邮政总局的基础上，于 1932 年 5 月 1 日成立的，很快总局建立了 21 条干线邮路，并制定了《中华苏维埃共和国邮政暂行章程》，提出了军队邮政工作的有关规定。章程规定，凡现役红军指挥员、战斗员及其家属，无论是寄信件，还是寄包裹等均予免费优待，但须加盖“红军信件，免贴邮票”或“红军家属信件，免贴邮票”之图章。这就诞生了称为“红军信柜”的军邮制度，与党内的机要通讯局、苏维埃政府的赤色邮政局并称为党领导的三大通信组织系统。

红色邮政发展迅速，到 1933 年，仅江西、福建、闽赣、粤赣四省的邮政人员就增加到了 4700 多人。遗憾的是，随着红军万里长征的开始，整个生机勃勃的红色邮政遭到了毁灭性打击。土地革命时期的红色邮政，具有浓厚的军事邮政色彩，承担邮政任务的交通员，往往需要冒着牺牲的风险才能完成任务，也可以这么说，新中国邮政的牺牲精神和铮铮铁骨，就是在那个烽火年代奠基和传承下来的。

抗战爆发之后，中国共产党领导下的各抗日根据地先后成立了交通总局或战时邮政，并在 1938 年 9 月发行了一枚“抗战军人纪念”邮票，画有一位持枪跑步的八路军战士，边上有“抗战军人”四个字，四角印有“纪念邮票”四个字，白纸、红色、无齿孔、无面值，专供军人免费贴用。该邮票发行了三个月便停止使用。虽然抗战时期的八路军邮政面临日寇的围追堵截和严密封锁，但抗日根据地的交通、战邮人员从村、区、县、专署、行署、边区，直到延安都建有许多秘密交通线。他们组织严密，行动有序，有自己的信号口令，通过这些秘密交通线，很多抗战人士都被安全地送往了延安。

“抗战军人纪念”邮票

由于日寇对交通的封锁，国共两党领导的邮政系统无法连通，这对建立抗日民族统一战线带来很多不便。在这里，我们需要提及一个重要人物，他叫林卓午，是促进国共通邮的关键人物。1938年，林卓午被国民党政府委任为中华邮政局驻西安第三段军邮总视察，并授予少将军衔，在西安设立办理处，负责晋、陕、甘、宁四区军邮和普邮视察工作。他与驻西安的八路军办事处主任林伯渠进行多次会晤磋商，并于1939年2月以陕西邮局的名义下达文件，命令延安邮局特派员切实整顿从三原到绥德之间的邮路，尽快恢复国共两区的邮政互通。在当时种种不利的情况下，林卓午促成了国共通邮的诸多协议，包括沿途军政对邮政的检查、建立军邮联络电台以及陕甘宁边区内货币的比率、兑换办法等事项。1942年1月14日，中共第十八集团军总司令部颁布《关于邮务问题的通令》。1942年1月21日，延安《解放日报》刊登了“十八集团军与军邮总视察商定敌后邮务办法，通令各地军政切实执行”的消息，并刊出朱德致林卓午的电报和通令全文。至此，国共两区的通邮工作终于克服重重困难得以实现。从1942年年初开始，国共两区之间的邮政业务往来明显增加，其中挂号信、平信、包裹等比上一年猛增10倍以上。

周恩来总理曾在1940年应邀到西安军邮办事处，与林卓午等人商谈有关国共两区的通邮问题，其间赠送林卓午“传邮万里，国脉所系”的题词，这一题词流传至今，已经成为中国邮政的核心文化展示。

1945 年 8 月 15 日，日寇无条件投降，艰苦卓绝的 14 年抗战取得了胜利。我党领导下的解放区进一步扩大，红色邮政也与时俱进，各边区政府为了满足党政军机关团体及广大人民群众的通信联络需要，决定将原有的交通组织改建为公办邮政机构，实行有偿使用邮政服务。以华北解放区为例，该地区在抗战中建立的红色邮政已经颇具规模，各边区均设有交通总局、分局，下设县局和干支线交通站，有些地区还根据需要建立了交通大队或武装交通队，形成了分级服从与管理的组织系统。以各级党政军领导机关为中心向外辐射，根据需要设置站点，形成了交通动脉和纵横贯通的线路网络，晋察冀、晋冀鲁豫、晋绥几大抗日根据地基本建成了由行署到专署和县的区内交通通信干线，也逐步打通了与邻区的联络线路，并开始建设由本行署到其他行署、边区和各抗日根据地之间的区外干线。邮政业务工作开始走向正规化，如颁行各种规章制度、规范交发手续、扩大服务范围、试办多种新业务等，这些都是创建公办人民邮政的基础。

解放战争时期，为了适应战时需要，在各大野战军的各级组织中重新建立了军事邮政，后来，随着战争形势的发展需要，地方兵团的旅、团、县大队也普遍设立了军邮机构。同时，各地还设立随军邮局、军邮站作为部队军邮的辅助力量。军邮的主要任务包括送寄公文、书报、宣传品、印刷品，推销书报，密切野战军与后方的联系；在满足上述要求的情况下，办理民邮，寄递部队指战员及其家属、地方工作人员及其家属的普通函件；定期向上级邮管局反映前方对邮政通信的需要，注意和部队有关部门密切联系，将部队番号、代号及行动去向及时通知上级邮局；配合部队行动机密的特点，将部队的番号及其变更及时通知附近邮局站等，总之，军邮为赢得解放战争的胜利立下了汗马功劳。

直到中华人民共和国成立，历尽硝烟的红色邮政化身中华人民共和国邮政，再次迎来了新的大发展。

19 航空邮政的早期发展历史

◇ ……………………

凌空翱翔是人类很早以来的梦想，在航空工具发明之后，人们将其用到邮件运输，这种方式与地面交通工具相比，更加方便快捷，缩短了旅途时间，是近代以来速度最快的邮政交通模式。在飞机、飞艇、热气球发明之前，人们想要通过航空运输邮件只有一个办法，那就是信鸽传信。信鸽传信，利用的是鸽子能够顺利归巢的特性，这种方法确实能够在一定程度上解决通信成本问题，然而存在一个致命弱点，那就是可靠性太差，毕竟送信依靠禽类遭遇意外是大概率事件，如飞行途中信鸽或被猛禽捕食或遭猎手捕杀，因此信鸽送信只能偶尔为之。至于鸿雁传书，也只是文人墨客的想象和比喻罢了。真正靠谱的依靠航空工具传递信件，还是要等到热气球、飞艇和飞机发明之后才行。

谈起热气球在航空邮政中的使用，时间可以追溯到法国大革命前夕。法国的蒙特哥菲尔兄弟在 1783 年 9 月 19 日，奉召到巴黎为国王路易十六作了非载人的热气球升空表演，被公认为使用热气球第一人。同年 11 月 21 日，法国化学家罗齐尔和一名志愿者德尔朗达乘坐热气球在空中自由飞行，这是第一次热气球载人自由飞行，也是人类历史上第一次成功的自由飞行。

热气球首次用于传递信件是在 1785 年 1 月 7 日，让 · 皮埃尔 ·

布兰查德和约翰·杰弗里斯共同驾驶热气球飞跃英吉利海峡，从英国的多佛飞到法国的加来。飞行过程中险象环生，热气球几次下沉，险些掉进大海，但是最终安全到达对岸，成功地将寄给美国驻法国大使本杰明·富兰克林的孙子特安普的信件交到了主人手中。这是历史上有据可查的第一封航空信件。

欧洲开创了利用热气球传递信件的先河，这种技术在半个世纪内传到了美国。1859 年，美国一位杰出的热气球驾驶员约翰·华尔士从美国中部飞到东岸，创造了 1294 千米的飞行纪录。后来，当他再次飞行时，将自己的热气球座驾命名为“丘比特”，并携带了 123 封信，准备把邮件从印第安纳州的拉菲特带到东海岸邮局，然而因为飞行高度不够使得计划中途夭折。人类利用热气球邮递信件断断续续地进行了差不多一个世纪，20 世纪初飞机发明后，这种安全性并不高的热气球邮寄方式也就成为历史。

进入 20 世纪，一件石破天惊的大事发生了。1903 年，在美国莱特兄弟的努力下，第一架飞机翱翔于天空，揭开了航空史上新的一页。历史上第一次通过飞机运送公共航空邮件是在 1911 年的印度。当时，英国皇家海军中校沃特尔·温德姆爵士看到了飞机蕴藏的巨大潜力，便着手制造飞机，并应邀到印度进行表演展出。其间，恰逢印度阿拉哈巴德市三圣教堂财政捉襟见肘，一位牧师找到温德姆，希望能够为教堂修建宿舍筹款，温德姆灵光一闪，说可以考虑从阿拉哈巴德市空运邮件越过恒河，到达北方的阿利加尔市，信件盖上专门的航空邮戳后再通过普通邮寄，这样就能得到一笔收入。

这个建议很快得到英联邦邮政和印度邮政总长的首肯，那位牧师本来想募捐修建宿舍的费用，结果官运亨通，竟然被任命为阿拉哈巴德市机场的邮政局局长。本来这个想法能否得到公众响应还是未知数，结果消息传出之后，公众反应极为热烈，即使空邮附加费为 2.5 便士，信件还是源源不断地从各地送来。

1911 年 2 月 20 日，世界上首次公众航空邮件运输顺利完成，飞机上携带了 15 千克邮件，包括 6500 封信件和 40 张明信片，这场首飞被载入史册。而温德姆爵士在当年 3 月回到英国后，很快组织开展联合王国的航空邮件业务。为了庆贺英王乔治五世的加冕，在温德姆的策划之下，开始了为期一周的航空邮件运输，用两架布列雷奥单翼机和一架法曼双翼机进行英国第一次航空邮务，航程从温泽公园至亨登机场。

1911 年 9 月 9 日，当天刮着 8 级大风，在这种天气条件下升空无疑危险重重。在这个可以载入史册的重要时刻，英勇的飞行员哈梅尔决定携带一袋重约 10 千克的邮件起飞。他以每小时 170 千米的速度，花了 10 分钟，从亨登机场飞到了温泽。由于风大，飞机不能在预定场地着陆，只好在弗罗格莫尔的皇家陵墓附近着陆了。这是英国乃至欧洲历史上开辟的首次航空邮政业务。

1918 年，美国首架航空邮政飞机降落在华盛顿区

在印度、英国开展的航空邮政业务都只是昙花一现，并未形成规模，真正建立固定航班邮路的是美国人。1918 年 5 月 15 日，美国开通了第一条定期航班的航空服务，该航线由华盛顿特区到纽约市，试运营了三个月之后便交由邮政局飞行员接管，随后航空邮件业务建成了全国性的网络，这批飞行员冒着生命危险为之服务了 9 年时间。为什么这么说呢？原来早期的飞机非常简陋，大多还是第一次世界大战之后留下的飞机，上面没有安装无线电，没有救助

设备，也没有导航仪器，飞行员都是依靠眼观六路、耳听八方航行，危险性极高。在第一批 40 名邮政局飞行员中，有 3 名死于 1919 年的坠机事故，还有 9 名死于 1920 年，真可谓是提着脑袋送邮件。

随着科学技术的不断进步，飞机上的设备逐渐完善，有了导航仪器，同时地面上安装了导航无线电信号台，沿着道路方向有灯火通明的紧急着陆场地，使得飞机夜间飞行也变得可行。1921 年，伦敦至巴黎航线率先接受航空邮寄业务。此后，各国相继仿效，航空邮递业务进一步扩大了。1939 年，航空邮政又有了新的突破，开通了从美国纽约出发，途经百慕大、葡萄牙，最后到达法国马赛横跨大西洋的航线，自此航空邮政逐渐遍布于世界各地。

相比欧美等国家，中国的航空邮政业务开办得也不晚。早在清末和北洋政府时期，中国的航空邮政业务开始萌芽。1910 年，清政府军咨府提议兴办航空事业，购买法国苏姆式双翼飞机一架，在北京南苑五里店选筑飞行场所。1913 年，北洋政府参谋本部在南苑开办航空学校，购置高特龙式双翼飞机 12 架，采用哥奴姆式发动机的飞机 10 余架，组建了初步的航空队伍。在 1914 年 3 月 10 日到 11 日，飞行员秦国墉、厉汝燕、章斌各驾驶一架飞机从北京飞到保定，这是我国有记录最早的一次长途航空飞行。

第一次世界大战结束后，西方列强竞相发展航空工业和民用航空运输事业，北洋政府也不甘落后，在 1918 年设置航空事宜处，1919 年 1 月 1 日在国务院之下设立航空办事处，管全国航空事务。而有据可查的国内最早的航空邮件运输是在 1920 年 5 月 2 日。根据 1920 年 5 月 3 日上海《时报》报道：“意大利飞行家佛拉林中尉偕其技师加八尼利中尉于昨日（2 日）早间十点乘 S. V. A 式飞机自福州起程，后三时飞抵上海停驻于江湾万国体育会跑马场。”5 月 4 日，《时报》又刊登了《飞机运送邮件之第一次》的消息图，称“带有邮件一袋内装邮件包……系平信三十余封……到沪后上盖有长方图记，中英文并列云。此信从福州飞机运来”。同日，《时报》还发表时评，称“此次意机运送邮件实为我国交通史上之一新纪元”。

几天之后，也就是 1920 年 5 月 7 日，北京《民国新闻》第三版“今日京津间航空”消息报道称：“中国政府决定用航空邮运加速邮递，首次空运路线为京津线。交通部在几天之前通令该两市的官员安排试飞着陆事宜。来自政府的消息说，政府已决定在5月7日星期五试航，飞机定于10时起飞，预计飞行40分钟”。5月8日的《民国新闻》如实报道了这次京津首航邮运成功：“飞机于上午10时离开北京南苑机场，在天津的英国兵营操场降落，此次首航空载了大量邮件。”上述两次航空邮件投递，一个是私人携带，一个是官方主导，要论社会反响，京津之间航空邮递的影响力远大于从福州飞往上海那次。所以，很多年来专家学者一直认为1920年5月7日的京津间航空邮递是中国最早的一次。

“中华民国”航空邮票

1921年2月9日，国民政府国务院航空办事处改组为航空署，积极筹办京沪航线的北京济南段。同年7月1日正式开航，邮政当局充分利用这一机遇搭载邮件，但仅航行了10天就停航了。从1921年起，中国先后在北京至天津间，北京至济南间，上海至宜昌、重庆、成都间，上海至汉口间，上海至北京间开通了航空邮政业务，并在1933年由两广的军阀、官僚倡议发起并号召粤、桂、闽、黔、滇五省合办组建了西南航空公司。

除了开办国内航空邮政业务外，中国还与德国合作，于1930年2月21日组建了欧亚航空公司。1941年8月，中德两国断交，同年10月，交通部下令接收欧亚航空公司的德方股权，德国飞行人员和技术人员撤回国内。1941 年 12 月，太平洋战争爆发，公司的飞机停在香港，遭到日军轰炸，仅有 1 架大飞机和 3 架小飞机因不在香港而幸免保存。1943 年，欧亚航空公司改组为中央航空公司。向北，与苏联加强合作，组建中苏航空公司，合作期 10 年，并于 1939 年 12 月 5 日开通，航线从哈密经迪化、伊犁到苏联阿拉木图，全长 1413 千米，合作延续到 1948 年。

中国与美国邮政部门开始交换航空邮件，最早应追溯至 1924 年，当年 8 月 21 日北洋政府交通部邮政总局通知各邮区，通告公众利用美国已开办之旧金山至纽约之间的航空邮务，以后又扩展至美国国内各航空邮路。利用这些航空邮路的信件，通常由天津、上海、广州等沿海各局汇总，并交由日本、美国等邮船直运至美国旧金山或西雅图，再由美国国内航空至美国各地；或交由与我国邮政立约的轮船运至香港转水路至美国，到达美国后，由美国国内航空邮路将邮件送至收件人。

1935 年 4 月至 10 月，美国泛美航空公司试航由美国旧金山经檀香山、中途岛、威克岛、关岛至马尼拉的航空线路，并取得成功。同年 11 月 22 日正式开通了由旧金山至马尼拉的每周一次的定期航线。这次首航虽然终点站是马尼拉，但是飞机携带的邮件中有经马尼拉转中国香港、澳门及内地的航空信件，这些首航邮封是中国和美国通过太平洋航空邮运最早的纪录。

1937 年 4 月 21 日，美国旧金山至马尼拉航线延至澳门、香港，以便与其合股经营的中国航空公司粤沪香港站联结起来，开办中美直达航空邮路。当天“中国飞剪号”从美国旧金山启航，沿线经檀香山、中途岛、威克岛、关岛，在 28 日到达马尼拉后，延展飞至澳门、香港。此线延至澳门时，已与中国邮政当局取得协议，由中国航空公司派专机携同邮件，从广州及上海抵达香港，在九龙湾海面与香港邮局互相交运，这是历史上中美直达航空邮运之始。自此以后，中国各地寄美国航空邮件可全程航空寄达。

中华人民共和国成立之前，国际国内航空邮政业务的简单发展历史，技术进步的不易，在这段血与火的记录中展示得清清楚楚，航空邮政也经历了自己不平凡的百年岁月，在新中国迎来了崭新的发展前景。

20 青藏高原上的中国邮路

◇ ……………………

无论是李娜高亢激昂的《青藏高原》，还是巴桑深情婉转的《天路》，都唱出了青藏高原的壮美和神秘，唱出了为打造天路而付出艰辛努力的建设者的风采。物流畅通，经济发展，离不开交通这条大动脉的支撑。同样，信息传递，邮件畅行，也离不开邮路的开辟。

说起青藏高原上最早的邮路，可以追溯到松赞干布娶文成公主的吐蕃王朝时期。6 世纪，吐蕃王朝统一青藏高原之后，建立了邮驿制度，开辟的邮路长达上万千米。吐蕃与大唐联姻，通邮通商自不必言。在拉萨著名的大昭寺门口，矗立着一座“甥舅会盟碑”，上面记载的一些历史信息，证明了大唐和吐蕃在邮路上的责任划分，碑文上写的内容，其大体含义是“唐朝与吐蕃的苦难必须进行相互传递，双方的邮差在将军谷这个地方接头和交换信息，洮泯东面驿站供应归大唐管，清水县西面的驿站供应则归吐蕃负责”。

吐蕃开辟的邮路可分为三条：一是东北路，从长安到吐蕃的逻些。路线从金城（兰州）经陇右节度使、潢水（乐都），进入青海的鄯城（西宁）；第二条是西路，路线从四川进入西藏；第三条是西南路，路线自云南进入西藏。除了国内的三条邮路之外，吐蕃王朝还拓展了海外邮路，与尼泊尔、天竺等国家建立了广泛的联系。

元朝建立之后，西藏正式成为中央政府管辖的第一个地方政权。从此开始，共经历了元、明、清三代王朝的统治。1260 年，忽必烈称帝，设立“总制院”，1288 年改称“宣政院”，下设三个官署管理西藏地区，西藏的邮政归宣政院管辖。按照忽必烈的指示，元政府从汉藏交界地域开始，一直到西藏萨迦，总共设置了 27 个大驿站和若干个小驿站，成为当时官方主办的主要信息传递渠道。

明朝政府对西藏邮政的管理基本沿用元代旧制，为保证对西藏的管辖，实现两地信息沟通，明朝大力推进驿站的恢复和建设，使驿站邮路更加完善。清朝同样重视驿站的设置和邮路的通达，专门派出驻藏大臣进行驿站的管理，对邮路里程登记造册，掌握驿站大小、人户多寡、食宿情况、地理地貌、气候条件等，同时对主要驿站设兵驻守以保障邮政的安全畅通。

到了清末，因为政府的腐朽无能，对西藏地区的管控力逐渐消失，此时，一直对西藏虎视眈眈的英国蠢蠢欲动。1894 年，英军入侵西藏西南部边境小城亚东，逼迫清政府开关通商。无奈之下，清廷屈服，并安排 4 名邮差维持与英国殖民统治下的印度邮局的业务联系，使得亚东这个小镇成为西藏近代邮政的起点。

英国殖民者得寸进尺，在 1903 年悍然入侵西藏，并在西藏岗巴宗（今岗巴县）设立了战地邮局，而且随着战事的推进，在拉萨又沿战线陆续设立了十几个战地邮局。1904 年 9 月战争结束后，这些从亚东到拉萨沿线的战地邮局被改设为驿站，为英国殖民者办理邮政业务。在覆亡前一年，清政府苟延残喘地在西藏设立了昌都、日喀则、帕里、亚东、硕般多、江孜、江达等 7 个二等局，还有日喀则西藏邮政总局代办所，努力维持摇摇欲坠的统治。

为什么清政府在自顾不暇、末日临头时，还有精力在西藏设置邮局呢？原来这一切都是英国人赫德所为。当时的赫德担任大清税务局总长，为了英国在西藏的利益，他利用职权便利为自己的国家提供方便。一年后，辛亥革命一声枪响，清政府瞬间垮台，西藏通往其他各省的邮路至此断绝。

清政府倒台之后，北洋军阀连年混战，对西藏地区的邮政鞭长莫及。南京国民政府建立后，成立蒙藏委员会作为主管蒙藏边疆建设的中央机构，南京政府认为蒙藏地区邮政建设事关中央公文传递、党义宣传、情报收集及实业调查，因此对西藏通邮这件事情非常上心，推动也给力。1929 年 3 月，蒙藏委员会咨交通部和建设委员会，筹议在蒙藏地区设立邮政代办所，但当时西藏与内地因政治对立，康藏之间战事不断，且沿途盗匪猖獗，驿站倾颓，交通拥堵，与西藏通邮阻力重重。南京政府想要与西藏通邮，西藏那边却不领情，拒绝合作。万般无奈之下，只能想到了暗中私邮的办法。

1943 年，川康方面与蒙藏委员会驻昌都专员商议，决定采取秘密通邮的方式，由德格县政府每月派兵丁一名，化装成朝拜者经过藏方的关卡，送到昌都驻地，再由昌都专员利用西藏地方的邮政系统发往拉萨。然而藏方仍多方刁难，邮政开通后，邮政工作人员很少能够按照规定日期送达邮件。折腾到了 1944 年 10 月，德格至昌都秘密通邮也仅有可怜的 11 次罢了。

西藏的统治者十三世达赖喇嘛土登嘉措锐意改革，努力恢复已经被终止的邮政系统。当时土登嘉措面临两种选择，一种是采用英国人构建的邮路，另一种是自己开辟新的邮路。采用前者，势必受制于人，采用后者，虽然前期投入较大，但是主动权掌握在自己手中，最终土登嘉措选择了后者，组建完成“扎康”地方邮政系统。“扎康”成立于 1912 年 5 月 26 日，这也是西藏邮政史上的一个重要日子。当时西藏的邮递运输因铁路与公路的不发达，仍沿用旧时的驿站措施，信差均骑马兼程而进，比普通人的速度大概快一倍，每 45 千米有一代办所，专管送信、喂马等工作，每人骑马跑 4 站才换班，500 千米的路程，最快需一周方可抵达，如遇风雪阻隔，则需要花十余日。“扎康”邮政系统一直沿用了将近半个世纪，一直到 1959 年西藏叛乱平息后才废止，此时，中国人民邮政已经闪亮登场。

1951 年 5 月 23 日，西藏和平解放，人民的邮政系统也就延伸到了青藏高原。当年的 4 月 16 日，在昌都建立了第一个人民邮电局。那时的交通极为落后，主要邮路干线的乡村邮政都是人扛马驮，称之为“马步班”，条件非常艰苦。到了 1959 年的下半年，康藏公路胜利通车，西藏境内的主要邮路才改为公路运输。在青藏铁路通车以前，青藏公路一直承担着进出藏各类物资的运输任务。这条建于20世纪50年代的公路，由于其重要的战略地位，被称为西藏联系祖国内地的“大动脉”。

青藏公路建成通车以来，绿色邮车出现了，并且在沿线修建了很多邮件交接点，流动的邮车和零星点缀在这条路上的邮局、邮电所，共同构成了一道绿色的风景线，这就是人们津津乐道的“青藏邮路”。在当年，青藏邮路是土路，如果顺利的话，往返一次需要20天左右，如果碰上雨雪天气，有可能需要一个多月。而且因为沿线食宿条件不足，邮递员忍饥挨饿、经受天寒地冻是经常的事。后来青藏邮路的条件改善了很多，往返的时间缩短到了6天，即便如此，青藏邮路依然是全世界海拔最高的跨省邮路，也是全国往返行程最长的邮路。

1956年发行的康藏川藏公路纪念邮票

1965年9月14日，西藏自治区邮电管理局成立；1999年1月，西藏自治区邮政局挂牌并开始独立运行；2015年4月，根据中国邮政集团公司工作部署，西藏邮政正式更名为“中国邮政集团公司西藏自治区分公司”。2006年青藏铁路通车，在铁道部和西藏邮政的不懈努力下，最终在青藏铁路高原缺氧、坡陡路滑、火车头牵引力下降致使运能极为紧张的情况下，争取到在西宁（兰州）至拉萨的进藏火车上挂用一节行李车，由中国邮政和铁路行包公司共用。在这仅有的一对进藏旅客列车加挂的行李车上，中国邮政能够占用40%的车厢容间，这对西藏邮政乃至全国邮政来说弥足珍贵。至此，西藏邮政拥有了汽运、空运和铁路运输的立体邮运网络。

伴随着青藏铁路的开通，拉萨邮区中心局成立了火车邮件押运班，走过了一条艰辛的成长之路，在这条世界上海拔最高的铁路邮运线上来往穿梭，风雨无阻，用心血和汗血，用辛勤耕耘和默默奉献，用自己平凡的行动在西藏邮政史上书写下醒目辉煌的一笔。

西藏地区的面积约占全国总面积的1/8，而人口约占全国总人口的千分之二，人均邮政服务面积在全国首屈一指。由于路途远、路况差，邮件投递难度大，而且邮递员要经常面对寒冷、缺氧、多风雪等恶劣气候，所以同内地邮政相比，西藏邮政承担的服务种类更多、范围更广、责任更重、困难更大，维持普遍服务的水平更难。2008年，启动“村村通邮”工程以来，全区乡（镇）通邮率达到90.18%，村、居通邮率达到85%。身穿绿色邮政制服、骑着绿色自行车或摩托车、挎着绿色邮包的乡邮员，以超乎常人的坚韧，形单影只，跋山涉水，把国家的政策、外界的信息、亲友的音讯传送给农牧区的千家万户，为提高普遍服务水平作出了不可磨灭的贡献。近年来，随着电子商务时代的到来，西藏邮政提出了“西藏并不遥远”的理念，一方面依托电子商务平台拉动传统业务增长，另一方面在中国邮政自办的“邮乐网”上推销西藏名优产品，打造西藏邮政的电子名片，这为西藏邮政实现跨越式发展提供了难得的机遇。

川藏线上的邮政车

截至2019年，西藏邮政已基本形成集航空、铁路、汽车等运输于一体，以拉萨为中心辐射全区各地（市）、县的庞大邮运网络，共有干线邮路44条、邮运车辆118辆、航空邮路14条、火车邮路1条；下辖7个地市分公司、70个县分公司，服务面积为120万平方千米，服务人口324万。相继开办了储蓄、特快专递、电子汇兑、集邮、账单、邮送广告、景点门票型明信片、代收货款、代办通信、代售火车票和飞机票、商品分销以及邮政物流等10余种业务。同时，以互联网为依托，西藏邮政还开办了国内小包、电子商务等业务，开创“邮乐网”和“天上西藏”主题邮局，为西藏土特产走上“互联网+”的发展快车道搭建了电子商务服务平台。

美丽的西藏，绿色的邮政，让巍巍高原更加璀璨夺目！

21 邮政编码的发明与应用

◇ ……………

回顾十多年以前，邮局还是人流熙攘的场所。绿色的圆柱形邮筒，简单热闹的邮政办理点，熙攘的人们在狭窄的空间里面或者寄送包裹，或者埋头在信封上粘贴邮票。逢年过节之际，更有各种花花绿绿的明信片在邮递员匆忙的脚步声里飞到千家万户，寥寥数语的祝福，寄托了很多人最深沉的爱情、亲情和友情。在我们并不久远的记忆里，寄信与衣食住行一样，成了生活的必需，而信封左上角那六个方形空格，是邮局提供信封的标准格式。那六个空格填写的内容，如今的孩子们已经比较陌生了，但是对于伴随着邮政一路走来的广大中老年朋友而言，那六个方框确是寄信必需的存在，因为那是填写邮政编码的地方。我们国家的邮政编码是 6 位阿拉伯数字。

那么，邮政编码有什么神奇之处呢？邮政编码，是一个国家或地区为实现邮件分拣自动化和邮政网络数位化，加快邮件传递速度，而把全国划分的编码方式。邮政编码是邮递区号制度的重要组成部分，邮递区号制度是衡量一个国家通信技术和邮政服务水平的标准之一。邮政编码起源于 20 世纪 50 年代的英国，并于 1959 年在诺威治邮区试行，产生了很好的成效。德国紧随其后，于 1961 正式公布 4 位数的邮政编码，成为世界上第一个在全国范围内推行邮政编码的国家。

邮政编码通常由阿拉伯数字组成，是代表投递邮件邮局的一种专用代号，也是这个邮局投递范围内居民和单位通信的代号。让我们以一组北京地区的邮政编码数字作为例子说明一下。就拿“100036”这个邮编为例，一共6位数字，第1、2位数字是省、自治区、直辖市代码，北京市的邮编代码是“10”，第3位数字是邮区代码，第4位数字是县、市代码，第5、6位数字代表投递邮局。如今在世界范围内，有140多个国家均采用了邮政编码技术，区别在于采用的数字编码不同，比如，美国的邮政编码从发明之初的5位数字，发展到9位数，一直到今天采用11位数字。

很多读者肯定会问，邮政编码到底有多大作用？尤其是现在很多人有了手机和微信之后，除了公文往来必需的函件之外，基本很少有人寄信了。既然很少人寄信，邮政编码还有存在的必要吗？您还别说，持有相同观点的大有人在，甚至在2019年，我国还引发了邮政编码是否要取消的讨论，最终还是国家邮政局发表声明，称取消邮政编码与事实不符。

实际上，邮政编码可以被视为地面空间“数字化”的先驱，通过将姓名转换为数字，并将空间划分为区域，以方便邮件和信息流动。这种信件分拣技术很关键，在我国已经使用了40多年，除了方便寄信之外，它还有很多其他功能。随着信息化的进步，邮编的作用只会越来越凸显、越来越重要，一时半会儿是不会被取消的。

那么，邮编有什么作用呢？使用邮政编码的主要目的，是使邮件和包裹的分拣和路由更加便于邮件投递。邮政编码还是从事各类经济和社会活动的有用工具，不仅能够加快国内邮件的处理速度，而且也能够促进跨国邮政业务的发展，推动以邮件作为传媒的业务向更高层次迈进。正确识别邮政编码，能够使邮件分拣和投递更为简单和快捷，提高邮件处理操作人员的效率。使用邮政编码可减少邮件退信率和无法投递率，从而降低邮件从寄件人到收件人的处理成本，同时促进生产组织方式的现代化。

邮政编码的起源很早，发展到今天差不多60多年了。这种编码工具被发明之前，邮政服务是一件非常辛苦的工作，原因在于海量的邮件处理起来耗时耗力。邮政部门最初的分拣方法是仅仅依靠手工分拣。如果邮件数量少，人工操作当然没问题，一旦邮件数量激增，人力就跟不上节奏了。就拿美国为例，从1940年到1965年，美国邮件的投递量几乎增长了160%。在邮政编码和自动分拣机制出现之前，每封邮寄信件平均需要8—10名邮政员工来处理，造成邮件投递的效率很低且成本高昂。

有什么好办法提高邮件分拣效率呢？最开始思考这个问题并给出解决办法的是美国人，时间在第二次世界大战之后。当时美国邮政系统中很多有头脑的专家开始琢磨这个问题，他们认为，要想提高邮件分拣的效率，就必须采用自动分拣技术，也就是推广应用自动化机器识别技术。于是，那些具有前瞻性思维的邮政总局设想使用自动化来处理日益增加的工作量。既然想用机器自动识别邮件，就必须创建配套的邮件编码规则，能够让机器扫描识别，最终将邮件进行分类。这个编码就是后来邮政编码的前身。

虽然英国和德国是世界上首次使用邮政编码的国家，但是首次提出邮政编码概念的是美国费城邮政督察罗伯特·莫恩。这位仁兄早在1944年就看到了编码的价值，后来他提交了一份提案，提议建立一个新的国家3位数编码系统，按照区域编码将整个国家划分为多个邮区。他坚信，一个全国性的编码系统“对第二次世界大战后邮局保持邮件数量的稳定是必要的”。在不断向管理层提交建议书后，他终于得到了邮政总局局长爱德华·戴的回应，这位顶头上司对莫恩的想法很感兴趣，在莫恩提出的3位编码的基础上，将其与2位本地区号结合，创建了美国今天使用的最基本的5位邮政编码，这是未来邮政编码扩展和机械分类的基础。

20世纪60年代初，爱德华·戴对西德邮政编码的使用情况进行了深入研究，他惊讶地发现，西德在使用邮政编码的头一年，公众认可率就达到了80%，这让他对推广邮政编码充满了信心。也可以这么说，因为西德邮政编码服务的广泛推广，在一定程度上促成了美国邮政编码系统的建立。为了让广大民众更快地接受这个新生事物，爱德华·戴精心设计了邮政编码的代言人——ZIP先生，这是一个造型夸张的卡通人物，有着两只圆圆的大眼睛和细细的四肢，穿着蓝色邮政服装，左手举着信封，挎着一个随风飘起的邮包，一路奔跑着送信。爱德华·戴希望通过这个代言人，让公众认识到邮政编码的使用可以提高投递的准确性和速度。

1963 年 ZIP 先生宣传画

ZIP 先生

爱德华·戴从他的国际同事那里了解到，通过一场预设的公众活动，去教育和激发公众对邮政编码的兴趣是至关重要的，所以在 1962 年 10 月，爱德华·戴在一次邮政局长大会上，公布了全国范围内的 5 位数邮政编码，同时向全世界介绍了 ZIP 先生。1963 年，美国开始正式采用 5 位数的邮政编码系统。1983 年，在 5 位数字的 ZIP 邮政编码后又增加了 4 位数字，形成了被称为“ZIP + 4”的新邮政编码系统。

为了让 ZIP 先生深入人心，邮政部门采取了一项“饱和运动”，并向全国各地的邮局分发宣传材料。很快，ZIP 先生出现在每个邮局的海报上，出现在邮车和邮包上的贴花上，甚至出现在邮政工作人员被要求佩戴的徽章上。邮政部门与美国电话电报公司合作，把 ZIP 先生的照片放在他们的办公室和服务卡车上，邮政编码地图也经常出现在当地的黄页上。电台和电视上也播放了一些公益广告，其中一个名为“六人合唱团”的团体演唱了《邮政编码的好处》。这场声势浩大的造势运动让 ZIP 先生家喻户晓，并赢得了美国公众的支持。到 1969 年，绝大多数美国民众都支持使用邮政编码系统。

美国最常用的邮政编码是 5 位数字。5 位数代码的第 1 个数字表示地址所在的区域，该数字从美国东海岸到西部递增，东部州（例如缅因州和纽约州）以 0 或 1 开头，西部州（加利福尼亚州和华盛顿州）以9开头，代码中的第2、3个数字一起代表一个地区（或一个大城市），最后2位数字代表该地区的当地邮局。至于后来美国的邮政编码数字增加到9位和11位，其实只是在5位编码的基础上不断细分罢了，目的是使投递目标更加精确。

我国开始推广应用邮政编码，比起西方国家不算太晚，但是真正全面推广的时间较长，中间有几年的反复和停滞。我国于20世纪70年代开始研究并制定邮政编码，其主要目的也是提高信函分拣时的效率，用机器代替人工，因为没有邮政编码就不可能实现自动化分拣。中国快递物流行业高级专家、中国快递协会原副秘书长邵钟林对此作了解释："20世纪70年代，信函的数量逐步增加，为了提高投递效率，节省时间，我国通过编写邮政编码向自动化分拣信函的方向迈进。"

1974年，我国开始研究邮政编码；1977年，原邮电部邮政总局发布《邮政编码试行方案及说明》；1978年，开始在辽宁、上海、江苏等省市进行试点，1980年7月1日，我国推出了全国统一使用的邮政编码。邮政编码采用四级6位编码制，能够做到让全国的每个区、乡、镇都有一个邮政编码。然而，当时的老百姓对这种新生事物并不熟悉，也不知道邮政编码有何用处，加上邮政局的宣传也不够深入，很多人觉得邮政编码推广应用的时机不成熟，抵触心理较重，所以邮政编码的使用不得不半途而废。直到1986年，邮政编码才真正在全国普及。

如今，推广应用了40多年的邮政编码被很多人无视。主要原因是现在通过邮局寄信的人少了，他们大多数人求助于民间快递公司。由于民间快递业的兴起和信息技术的进步，还有二维码的普及，机器识别邮件的效率更上一层楼，只需要扫描二维码，就能实现机器自动分拣。因此，只要有单号和二维码，系统就可以详细地为一个快递匹配出最快速的配送方式，用户根本不需要填写邮政编码，也能做到投递快速、准确。

1974 年邮政编码宣传邮票

既然这样，邮政编码真的就一无是处吗？当然不是！邮政编码不仅是一组数据，而且具有一种特别的简单性，可以有效地按地理位置组织数据。例如，国家统计局进行人口普查时可以使用邮政编码来组织其人口统计数据。其他行业，如房地产公司和营销公司，通过以邮政编码为基础的信息结构，重新定义他们做生意的方式。邮政编码也可以在各种交易中被使用，例如在美国的自动加油泵站，邮政编码可以帮助用户用信用卡购买汽油等。根据美国邮政总局 2013 年的研究报告《邮政编码——不得不说的故事》里面的数据显示，IBM 公司曾经计算过邮政编码在所有用途（包括邮政和非邮政）中直接带来的额外收入和成本，这套系统每年可以给整个美国经济带来近 100 亿美元的增加值。

在我国，邮政编码技术的研究也在与时俱进。国家邮政局发展研究中心主任曾军山认为，我国每天产生 1.8 亿个包裹，围绕这 1.8 亿个包裹所产生的数据呈几何级存在，其中地理位置信息是核心数据。如何科学合理地充分利用这些数据，是必须研究的问题。2019 年 7 月 16 日，国家邮政局发展研究中心与北京大学时空大数据创新中心共同启动科技部重大专项“新型邮编”子课题项目。未来，每个人在每个位置空间都能建立统一且精准唯一的“个人地址 ID（新邮政编码）”。与传统邮政编码系统相比，新型邮编具有多尺度、可标识、可定位、可索引、可计算、自动空间关联等特点。传统编码方法主要定位的是X轴和Y轴形成的一个平面，新型编码则加入了Z轴三维信息，甚至四维的时间空间信息，运用网格技术使物流快递定位更加精准。

未来的邮政编码技术势必会在更加广泛的领域获得应用，让我们拭目以待，期待邮政编码产生更多的奇迹！

22 万国邮联与中国邮政

◇

我们生活在一个小小的地球村，维系这个地球村最重要的纽带就是信息的交流与畅通，而邮政系统无疑在其中扮演了非常重要的角色。犹如商业有商会，工人有工会，各行各业都有自己的行会组织，可以统一思想，集中资源，分享信息，解决矛盾，让整个行业得以良性发展。对于全球邮政系统而言，能够将世界各国不同的邮政体系整合在一起的就是万国邮政联盟。

万国邮联纪念邮票

万国邮政联盟（UPU），简称“万国邮联”或“邮联”，是一个商定国际邮政事务的政府间国际组织。该组织成立于1874年，总部设在瑞士首都伯尔尼，是全球第二古老的国际组织。万国邮联创立的基础是各国政府在邮政事务上的相互合作，维系其存在的基石是“一个邮政领域”，而“一个邮政领域”的核心是政府间的国际合作，通过政府间签订的国际公约或协定而实施。

万国邮联的宗旨包括组织和改善国际邮政业务，便利国际邮政合作的发展；通过邮政业务的有效开展，发展各国人民之间的友谊，促进在文化、社会与经济领域内的国际合作；在力所能及的范围内，参与成员国所要求给予的邮政技术援助。

万国邮联下设的机构有万国邮政代表大会、执行理事会、邮政研究咨询理事会，常设的办事机构是国际局。除此之外，还有远程信息技术合作组和邮政特快专递合作组。万国邮联的主要法规有《万国邮联组织法》《万国邮联总规则》《万国邮政公约》以及各项邮政协定等。万国邮联的标志是五名美丽少女围绕着地球自由飞翔，把手中信件传遍全球。这个标志脱胎于 1909 年由法国雕塑家马尔索创作的“五女传书”雕塑，如今它依然被安放在瑞士伯尔尼克莱娜尚兹公园里面，也是万国邮联纪念碑。

万国邮联有 192 个成员国，其主要职责包括确保真实的物品流通网络，发挥咨询、调解和联络的作用，并在需要时提供技术援助；为国际邮件交换设定规则，并提出促进邮件、包裹和金融服务量增长的建议，提高客户服务质量。

万国邮联规定，世界任何地方邮寄信件都采用统一费率；任何国家的邮政当局都应平等对待外国和国内邮件；每个国家都应保留其收取的所有国际邮费。也可以这么说，万国联盟最大的好处就是平衡全球的邮政费用，让该组织中不富裕的国家也能享受到优质的国际邮递服务。

1969 年，万国邮联出台了一项新规定，各国要向为本国投递信件和包裹的成员国支付“终端费”，支付费用标准按照国家发达程度而定。终端费制度以多数协议确定费率为基础，而不是反映入境国际邮件递送的真正经济成本。目标是通过补贴发展中国家参与国际普遍服务，为国际邮件提供一些补偿，同时支持建立一个全球性邮政网络。

万国邮联最初成立的主旨之一就是保障全世界每个人的通信权，所以此前的终端费用标准由成员国定期投票产生，而不是根据具体的成本测算。在制定资费标准时，万国邮联的原则有点劫富济贫的意味，比如万国邮联为了促进发展中国家邮政业务的发展，对这些国家的邮件有40%—70%的邮费优惠，有时候从中国寄到美国的邮件比美国国内的邮件还便宜。

这种规定在过去无可厚非，因为在物流不发达的时候，万国邮联成员之间流通的主要是信件和函件，它们的体积、重量都有限，寄件的需求与频次也相对较少。但是，随着互联网的兴起，电子商务的蓬勃发展，万国邮联的这一终端费政策遭受了挑战。尤其是近十年来，万国邮联的信函服务占比从45%降至38%，而包裹服务占比从14%升至25%。随着跨境电商带来的邮政小包裹业务逐渐增多，其商业属性已经超过了通信需求的属性。这样终端费使得美国觉得自己吃了大亏。

2018年10月17日，美国政府就致信万国邮政联盟，威胁退出该机构。当时的美国政府认为，一些外国企业向美国消费者以极低的快递费发送快递，使得大量外国商品廉价涌入美国，让美国本土卖家丧失了市场竞争力。据测算，传统终端费体系下的美国每年有3亿美元的国际运费差损失。

万国邮联纪念封

万国邮联国际局不得不正视这个问题，便开始了新的终端费改革，并在成员国意见基础上形成了融合方案V，将允许终端费的资费标准在2020—2025年之间提高13%—17%。2019年9月23—26日，153个成员国出席了万国邮联第三次特别大会，正式通过了《万国邮政公约》关于终端费改革方案的修订，修订后的《万国邮政公约》在2020年1月1日正式生效。2019年10月19日，美国宣布放弃退出万国邮政联盟。终端邮费调整，受到冲击较大的就是我国，因为进入美国的邮包，我国就占了60%，因此2020年我国国际小包终端费涨了27%，这也逼迫我们开始新一轮的邮政改革，以适应新的国际邮政形势发展要求。

其实，万国邮联从酝酿到成立，经过了一段比较漫长的过程，这和西方近代邮政的兴起和发展密切相关。早在18世纪，西方很多国家就开始开办公共事业邮政业务，签署国际函件互换的双边协议。鉴于各国货币不同，往来业务资费计算比较复杂，因此首先在英国的建议下诞生了世界上第一枚邮票，还统一了资费。

由于各国之间的邮费需要统一，才能更好地开展邮政互通业务，所以统一邮费需要签订合作协议。为了达成共识，在1862年，美国邮政部长蒙斯特马利·布莱尔提议召开第一次国际邮政会议，该会议于1863年在巴黎胜利召开，欧洲和美洲共15个国家派代表出席。会议只通过了有关国际函件互换的一般性原则，为创建“邮政总联盟”奠定了基础。

由于国际邮政发展的需要，1868年北德意志联邦邮政高层负责人亨利·德·斯特凡提出了建立邮政联盟的设想。之后应瑞士政府邀请，1874年9月15日在伯尔尼召开国际邮政会议，欧洲部分国家、美国、土耳其和埃及等22个国家派代表参加，在会上签署了《关于创设邮政总联盟条约》（又称《伯尔尼条约》）。根据该条约成立了“邮政总联盟”，同年10月9日签署了邮政总联盟的组织法规。1878年5月在巴黎举行的第一次代表大会上，将“邮政总联盟”改名为“万国邮政联盟”。1969年，万国邮联东京大会通过决议，将每年的10月9日确定为“万国邮联日”，也就是我们耳熟能详的“世界邮政日”。

万国邮联刚成立时，正是列强炮轰大清国门划分租界、强要各种商贸特权的时期。当时，万国邮联很希望清政府治下的中国也加入这一组织，并为此频频发出邀请。因为清政府当时还没有成立国家邮政局，所以最开始是拒绝的，可是没想到大清邮政正式开办以后，新的拦路虎接踵而至。原来，当时主管大清邮政的是海关总税务司赫德，为了维护列强的在华利益，他不断阻挠中国加入万国邮联，并且找了很多借口，制造了很多障碍。此后，虽然清政府先后派出多位官员参加万国邮联大会，但是遗憾的是，直到清政府垮台，中国也始终未能加入万国邮联。

1914 年 3 月 1 日，中国终于磕磕绊绊地正式加入了万国邮联。1914 年 3 月 24 日，万国邮联邮政总办发布了《中国邮政加入万国邮联》通令。1914 年 9 月 1 日，在我国领土范围内开始实施万国邮联的主要章程。1920 年 4 月 24 日，中国又加入了国际邮政汇兑协议，意味着当时的中国加快了邮政业务与国际的接轨，我国的邮政事业有了新的发展与进步。

中华人民共和国成立后，我国第一代领导人对加入万国邮联非常重视，分别于 1950 年 5 月和 1951 年 1 月先后派代表团出席了万国邮联执行及联络委员会和万国邮联及国际航空运输协会的联席会议。1950 年 5 月 5 日，周恩来总理致电万国邮联，任命邮政总局局长苏幼农为出席万国邮联执行及联络委员会的中国全权代表。5 月 15 日，万国邮政执行及联络委员会在开幕式上宣布，接受并承认中华人民共和国邮政总局局长苏幼农为万国邮联执行及联络委员会的中国全权代表。这是新中国成立之后，我国在联合国争取国际席位的一次胜利，也给了当时国民党残余势力一次重大打击。1950 年 12 月，我国通知万国邮联，接受 1947 年巴黎大会通过的《万国邮政公约》和《国际邮政包裹、国际邮政汇票与邮政支票协定》。

1951 年 4 月，朝鲜战争爆发，此时的联合国被美国把控，作为联合国下属组织之一的万国邮联也不例外。此后 20 多年间，中国和万国邮联中断了一切联系。直到 1971 年，第 26 届联合国大会通过决议，恢复我国在联合国的合法席位；1972 年 4 月 13 日，万国邮联通过决议，承认中华人民共和国代表为中国在万国邮联的唯一合法代表。1972 年 4 月 29 日，外交部、交通部以交邮字 716 号文联合向国务院的请示报告称：“万国邮政联盟国际局总局长拉依四月十三日来函通知我外交部，万国邮政联盟已通过决议，承认我国政府的代表为中国在该组织的唯一合法代表，并立即生效。”自此，中国恢复与万国邮联的正常关系。

加入万国邮联之后，我国积极参与万国邮联事务，多次举办各种专题的国际邮政研讨会，为各国政府和邮政合作搭建了良好的沟通与交流平台，并取得了优异成果，获得了各国政府、邮政与万国邮联的一致赞赏和高度评价。同时，我国还积极响应万国邮联号召，为发展中国家和遭受自然灾害的国家多次提供各种援助，体现了大国担当。

第 22 届万国邮政联盟大会会徽

万国邮联成立 100 多年间，举办过多次万国邮联大会，其中 1999 年在北京举办的规模最大。1999 年 8 月 23 日至 9 月 15 日，在北京国际会议中心召开了第 22 届万国邮联大会，这是万国邮联成立 125 年和中国加入万国邮联 85 年来第一次在中国召开的由各成员国全权代表参加的国际邮政最高权力机构大会，创下了多个“之最”：出席国家最多（183 个国家）、出席代表级别最高（科特迪瓦总理出席）、出席正式代表人数最多（1819 名）、陪同人员最多（517 名）、列席国际组织最多（33 个）。同时，也创下了多个“首次”：首次向相关邮政行业开放，允许邮政大客户、邮政设备制造商、软件商等参加辩论会；首次对新闻界开放，允许国外记者报道会议内容、参加新闻发布会；首次实行网上报名；首次使用具有定位摄像功能的电子表决系统等。

2004 年 9 月 29 日，在第 23 届万国邮联布加勒斯特大会上，我国政府推荐的国家邮政局国际合作司司长黄国忠成功竞选万国邮联国际局副总局长。这是中国人，也是亚洲人第一次在万国邮联担任高级领导职务，并于 2008 年成功连任至 2012 年。

除了我国邮政系统的高级官员进入万国邮联担任高级领导职务之外，我国基层邮政系统中一些作出突出贡献的职工，也曾经是万国邮联大会上的贵宾。比如在 2005 年登上万国邮联演讲台的“深山信使”王顺友，他是四川省凉山彝族自治州木里藏族自治县邮政局的一名普通邮递员，20 年时间扎根山区、服务人民，是人民邮递员中的楷模。2011 年在万国邮联大会上又被广为宣传的另一位中国乡村邮递员，云南省迪庆藏族自治州德钦县云岭乡邮政所的女邮递员尼玛拉木，她被称为“溜索姑娘”，十年扎根藏族聚居区、服务藏族聚居区人民，每天都要背着沉重的邮包行走在路途险峻的大山里，靠着溜索渡过湍急的河流。她是世界上第一位登上万国邮联讲台的乡村女邮递员。

万国邮联的宗旨之一就是大力推广普通服务，让世界上每一个国家的人民都能享受到物美价廉的邮政服务。而中国邮政是为人民服务的国家邮政，更是致力于用现代化的先进技术不断将邮政业务推向新时代，普惠亿万民众。在这些方面，万国邮联和中国邮政的出发点是一致的。

23 邮电分营：中国邮政的关键改革

◇ ……………………

新中国邮政经过40多年的发展，在20世纪90年代遭遇了瓶颈。这是怎么回事呢？为何家喻户晓的“百年老店”面临前所未有的危机？说来话长，这和邮政业务特殊的公益性有一定的关系。通俗地说，就是咱们国家的邮政长时间低价运转，为社会提供物美价廉的“普通服务”，而且邮政系统还承担了大量的免费军邮、免费机要邮件运输等国家层面的重要服务。这就使得中国邮政在普惠大众的同时，需要国家每年大量补贴才能勉强收支平衡。这种公益性质和我国加入《万国邮政公约》有关，《万国邮政公约》规定，所谓“普通服务”，指的是“以均一低廉的资费向所有地区的所有用户提供经常、优质的永久性邮政服务”。

邮政改革之前，当年的邮费到底有多低廉呢？上了岁数的人估计还有一些印象。比如在一个城市里邮寄信件，只需要贴一张4分邮票，在国内异地寄信，只需要8分即可。就拿北京为例，一封平价信寄到西藏，只需要花费8分，但是我们可以想象，北京到西藏，无论是飞机空运还是汽车运输，其成本都是惊人的高，8分的邮费根本不够。国家为了这种普惠公益，让邮政承担了极重的社会责任，邮政的经济效益显得不重要了，这使得邮政背上了沉重的财政包袱。

从1949年到1998年，邮政和电信是不分家的，统一由中华人民共和国邮电部辖管，邮电部下面再分设邮政总局和电信总局。经过几十年的精心经营，最终形成了延伸至全国每一座乡镇的“天罗地网”（1998年数据）：开辟邮路2.4万条，总长度达586万千米，相当于沿地球赤道绕146圈；设置了4.7万处邮政支局，70%分布在农村，保证60万个行政村里通邮；无论在白雪皑皑的青藏高原，还是浪高风大的三沙市，到处都有中国邮政的足迹。可以说，凡有饮水处，就有中国邮政的影子。

乡村邮递员

在邮电业务发展的黄金时期，也就是改革开放之后的七八十年代，邮政业务的收入占据大头，电信技术尚未发展，是典型的“以邮养电”的时代，邮电业每收入100元，邮政就占到80元。后来一飞冲天叱咤风云的电信业务，要靠邮政养活。在那个年代，邮政人员的地位高、收入高、心情也好，我们看见送信的邮递员基本上都是春风满面。那时候电话还没普及，打长途电话要在邮电局和邮电所里排长队，那情景让很多人依旧记忆犹新。然而好景不长，进入20世纪90年代后，世界电信技术迅猛发展，电话、传真以及互联网陆续出现，第三次科技革命的浪潮涌入中国，也对我国的邮电业务产生了巨大的冲击。

此后，邮电二者之间的关系完全逆转了。邮政业务因为属于劳动密集型产业，技术手段更新换代慢，基本上都是靠着人力去送信；电信业务对技术进步非常敏感，属于技术资本密集型产业，更新换代非常频繁。这两种业务存在不可调和的矛盾。随着社会的发展进步，邮电业务进入多元化时期，已突破“函包汇发”格局，储蓄、速递、集邮及各种邮政信息服务迅速崛起。电信已从传统的电话、电报扩展到数据、图像、移动、多媒体通信及信息通信领域，原有邮电合营的模式已难以包容，客观形势不但要求邮电分营，而且在邮电两大专业内部也提出按照不同业务组织专业化经营的进一步要求。

另外，伴随着社会逐步信息化的进程，电信业得到了超速发展。根据统计资料，1987—1997 年，电信业务收入增长了 30 倍，邮政收入只增长了 10 倍。以 1998 年为例，邮电业总营收的 3500 亿元中，邮政收入为 287 亿元，仅占 8.2%。邮政业务进入了黯淡时期，连年亏损，到 1995 年，竟然亏损了 20 亿元。

在这种状况下，虽然电信有大量的社会需求，需要集中投资，快速扩充生产能力，但因为需要补贴邮政业务，所以难以放手发展；另一方面，电信业务的比重逐渐加大，邮政业务在经营上得不到应有的重视，逐渐被边缘化，同样不利于邮政的发展。因此，为了邮政、电信两大专业自身的良性发展，也需要尽快实施邮电分营。

形势逼人，邮电业务再不改革无法满足社会需求。20 世纪 90 年代末，我国很多国有企业开始改革，在这种大背景下，国务院提出了邮电拆分的改革命题。邮电部于 1997 年 1 月作出在全国实施邮电分营的重大决策。在重庆和海南进行邮电分营试点的基础上，1998 年在全国全面推行。邮电分营涉及 31 个省区市、300 多个地市和 2000 多个县市，以及全国 6 万多个自办局所中的大多数，要自上而下地进行职能调整、机构设置、领导班子的配备，人、财、物的分离等。

根据原国家邮政局局长刘立清的回忆文章，1998 年 3 月 9 日，全国人民代表大会九届一次会议审议通过了国务院机构改革方案，成立了国家邮政局，原邮电部管理全国邮政行业的职能以及管理全国邮政企业的职能交给国家邮政局承担。1998 年 4 月 28 日是 50 万邮政人刻骨铭心的日子，因为这一天国家邮政局正式挂牌成立。这一天让已逾百岁的现代中国邮政开始脱胎换骨、重焕青春，这一天也为崭新的中国邮政开启了“世纪之门”。

回顾这段历史，我们就会明白，邮电分营是社会进步的需要，也是邮政、电信两大专业自身发展的需要。邮电分营体制的实现，将使邮政和电信两大专业各自按照自身的特点和市场经济规律发展，加强成本核算、专业管理、专业经营，从而促进两大专业的集约化经营水平。邮电分营有助于保证国家邮政网和国家骨干电信网的完整性、统一性、先进性，有助于提高国家邮政网和国家骨干电信网的全网协调能力。

1998 年以后，邮政和电信完全分家过日子了。由于邮政长时间亏损，形成很多负资产，所以分家时邮政系统没有得到什么好处，相反背负了很大的包袱。中国邮政独立运营时，带走了邮电业 48% 的人员，却只拥有 12% 的收入和 9% 的资产，很多优质资产划拨给了中国电信。而这些邮政人员中很多人的学历不高，初高中水平占很大比例。有些地方的邮政部门，在职职工有 2000 人，退休职工却有 3000 人。好不容易熬到 1998 年年底，一算账，邮政系统竟然亏损了 179 个亿。没有电信给补窟窿，之前隐形的亏损全部变成了显性。这还不算完，邮政全行业负债高达 242 亿元，其中银行负债高达 95 亿元，建设资金缺口达 170 亿元。可想而知，刚分家的邮政系统面临多么巨大的困难。

困难再多，也要迎难而上！邮政系统面临生死关头，国家要求 4 年后必须自负盈亏，并且邮政的社会责任一点都没有减少，要想生存，只有改革一条路才能拯救自己。为了提高自身的盈利能力和市场竞争力，1999 年中国邮政提出“三年扭亏，五年形成良性循环”的阶段性目标，后来干脆喊出“一天营收一个亿”的口号。

面对艰难的转型分营阵痛，国家并没有对邮政不管不顾，而是制定了“8531 财政补贴政策”，即从 1999—2002 年，财政补贴邮政 170 亿元，按年分别补贴 80 亿元、50 亿元、30 亿元、10 亿元，至 2003 年后对邮政彻底“断奶”，邮政开始自负盈亏。经过国家领导人批准，另给予邮政 113 亿元的建设资金补助，支持邮政邮运网、专用信息网、70 个邮件处理中心及办公用房的续建工程，这为邮政后续发展奠定了坚实的物质基础。

邮政系统破釜沉舟，开始向市场要效益，提出了“以市场为导向，以用户为中心，以效益为目标”的经营方针，打破邮政业务发展的传统模式，转变经营观念，打破围墙禁锢，把为用户提供多层次、多样化的邮政服务作为业务经营的出发点。邮政部门首先对传统的业务进行二次开发，先后开发推出了账单函件、混合函件、邮送广告、个性化邮票、个性化明信片、企业明信片、24 小时送达及 2 小时即汇即兑的电子汇兑、快递包裹等业务，并拓展了图书发行市场。

另一方面，持续不断地培育新型业务，利用邮政网点优势，开发电子邮政、代办电信、代办保险、代发工资和养老金、代售国债彩券、同城物流配送、网络信息、网上购物、代购车票机票戏票等业务。此外，还把物流从传统邮递类业务中分离出来，作为新业务种类加以重点培育，组建专门机构，实行市场化运作。

更重要的一个改变是，邮政将目光投向了广大的农村市场，深挖 9 亿人的市场潜力，积极参与农业社会化服务体系建设，不断拓展服务“三农”领域，广泛开展种子、化肥等生产资料邮购业务，为农村稳定、农业经济发展和农民生活改善作出了贡献，成为服务、支持“三农”中的重要支撑力量。

中国邮政在大力开拓市场的同时，也在改进服务、品牌展示方面下了很大功夫。只花了短短两年时间，就逐步做到了窗口服务规范化、业务受理便捷化、业务种类多样化、重点用户服务个性化、服务设施标准化、服务监督社会化。邮政工作的重点，一是便民，二是快捷。便民已经做得很不错了，例如短时间内实现了县以上城区包裹免费投递到户，延长网点营业时间，增加服务品类，新建大批报刊零售亭，深入开展邮政服务进社区、进校园、进商厦的“三进工程”等，每一项都是货真价实的便民工程。那么，快捷服务能否跟得上呢？中国邮政用实际行动作出回答。在分营之后的最初 5 年里，中国邮政先后开展了三次邮件报刊大提速活动，还让普通信函上飞机，增加了邮路和投递频次，一级干线汽车邮路实行昼夜兼程，人歇车不歇，为了提速，全国23000多名邮政职工恢复了夜班作业，邮政航空公司开启了全国独此一家的货运飞机全夜航服务。

在科技兴邮方面，中国邮政坚持信息化建设的道路不改变，建成了覆盖全国236个中心城市的，集图像、语音和数据传输功能为一体的邮政专用宽带信息网，很快形成了生产力。短短5年时间，中国邮政便建成了一个覆盖全国、沟通城乡、联通世界，具备多种运输手段，拥有先进信息传输平台的现代邮政网络，极大丰富和拓展了邮政物流运递、信息传送、资金流通“三流合一”服务功能。

如今，邮电分营已经过去20多年，中国邮政取得了惊人的成就。先后组建了邮储银行、速递物流、中邮保险、中邮证券、中邮资本和中邮科技公司，形成了版块联动、协同发展的良好局面。到2018年，是邮电分营20周年，全国设置网点5.4万处，便民服务加盟网点60万处，全货运飞机32架，邮政汽车7.1万辆，智能包裹柜9.2万台，双层分拣机行业领先，智能分拣机器人、无人机投入应用。截至2018年年底，营业收入比1998年增加了19倍，企业从1998年亏损179亿元，到2018年盈利468亿元；中国邮政集团有限公司在2020年《财富》世界500强企业排名第90位，在世界邮政企业排名第2位。

20年时间，曾经徘徊彷徨的中国邮政凤凰涅槃，迎来新生，并一跃成为全球知名的优秀品牌。

24 “一带一路”上的中国邮政

◇ ……………………

2013 年 3 月 25 日，是一个很普通的日子，然而对俄罗斯海关而言，却是异常糟糕的一天。在这一天之内，本来风平浪静的海关被蜂拥而至的包裹淹没，总重高达 500 吨的邮件堆积在海关的仓库里，涉及订单多达 40 万件，这仅仅是一天的订单量！俄罗斯海关立刻进入高强度工作状态，动用一切运输力量输送这些包裹，但由于俄罗斯的邮政基础设施和运输工具并不完善，他们费了九牛二虎之力，一天时间才处理了 7 万个包裹，大量邮件积压，短则两个月，长则半年时间最终处理完毕，弄得俄罗斯客户怨声载道。

到底发生了什么事情？竟然把俄罗斯海关搞得这么狼狈！原来，在“一带一路”倡议下，阿里巴巴旗下的速卖通在俄罗斯搞了一次大促销。没想到这场促销活动彻底暴露了“一带一路”沿线国家邮政基础设施存在的问题。

有了这次经历之后，速卖通都会在一些诸如“双十一”这样的大型促销活动来临前，根据后台的大数据信息告知俄罗斯邮政部门提前做好准备，俄方可获知清关信息，进行预分拣，并加大运力投入，保证包裹能够快速通关、及时送达。俄罗斯海关的遭遇是很典型的事件，也是“一带一路”上每天发生的万千有趣小故事中的一个。

毋庸置疑，“一带一路”已经成为新闻里的高频名词，这一政策的实施也是我们构建“人类命运共同体”宏伟蓝图的重要引擎之一。“一带一路”是“丝绸之路经济带”和“21世纪海上丝绸之路”的简称。据统计，“一带一路”沿线国家人口总数达44亿人，经济总量约为21万亿美元，分别占全球的63%与29%，蕴含着海量的市场资源和机会。

作为中国首倡、高层推动的国家战略，“一带一路”为沿线国家优势互补、开放发展开启了新的机遇之窗，是国际合作的新平台，对我国现代化建设战略意义重大，也为中国邮政国际寄递业务的发展带来了新的历史机遇。在我国与“一带一路”沿线国家的经贸往来中，邮政业推动流通方式转型、促进消费升级，架构起“一带一路”互联互通的桥梁和纽带，在促进国际交流、服务经贸发展中发挥着重要作用。邮路通，才能信息通；信息通，才能民心通。

在推进“一带一路”的建设中，中国邮政大力拓展国际邮政业务，铁路、航空和海运等邮路一应俱全，国际邮件的品类也非常丰富，在出口业务方面，中国邮政联合电商平台先后开办了国际小包、e邮宝、e包裹、e特快等寄递业务；在进口业务方面，开办了进口商业快件、保税进口、中邮海外购、进口e包裹、e特快和中韩海运EMS业务。同时，上线了进口邮件在线报关和缴税系统，加快了邮件的清关速度。邮政速递物流还通过建立海外仓，为中国卖家提供“商业出口+仓储+落地配+退换货”一体化仓配服务。

在海陆空立体的国际邮路中，铁路这个特殊的运输渠道值得重点聊一聊。那么，铁路、邮政和“一带一路”之间有联系吗？当然有联系！能把三者联系起来并且产生巨大作用的就是我们已经熟知的“中欧班列”，它被誉为“一带一路”上的新邮差。中欧班列能充分发挥中国邮政“物流、资金流、信息流”三流合一的优势，利用中国邮政在中欧班列领域独特的竞争优势，着力打造中欧班列上的“国家队”。

2011年3月19日，首列重庆通过新疆开往德国杜伊斯堡的中欧班列成功运行，称之为“渝新欧国际铁路”。此后，成都、郑州、武汉、苏州、广州等城市也陆续开行了去往欧洲的集装箱班列，形成了非常大的运输规模。

中国邮政专列

也许有人会说，中欧班列不就是货物专列？大号的国际货运列车除了运行时间长、运行路径远、货物以电子产品为主之外，还有什么特殊之处？今天，我们就讲讲中欧班列在“一带一路”和国家邮政中的特殊之处。

中欧班列以运输轻货品为主，其中夹杂着部分国际邮件，然而这些邮件在整个运输货品中占据的比例并不大。很显然，要想通过中欧班列运输更多的邮件，开行邮政专列是不错的办法。所以，在渝新欧班列开行没多久，中国邮政就按照先出口后进口的原则，提出了开行中欧邮政专列的设想。

2011 年，首开的中欧邮政专列在新疆阿拉山口海关遭遇了麻烦，被对方海关退回，原因是违反了《国际铁路货物联运协定》。原来，铁路合作组织（OSJD）1956 年颁布的《国际铁路货物联运协定》明确规定：“在国际铁路直通货物联运中不准运送邮政专运物品”。因此，要想打通中欧邮路专线，必须解决这个法律层面的拦路虎。中国邮政开始潜心研究运输环节涉及的国际组织规定、邮政、海关、铁路等一系列的环节和问题。

中国邮政、海关总署和重庆市政府联合，多方努力、协调争取，以期修订已经明显不合时宜的国际货物联运协定。2014 年 6 月，铁路合作组织在立陶宛召开了运输法专门委员会会议，讨论通过了新版《国际铁路货物联运协定》，删除对禁止运输邮政专用品的相关条款，破除了建立国际铁路邮件运输规则的主要法律障碍。

2016 年 1 月，国家邮政局牵头邮政、铁路、海关等有关部门成立了中欧班列运邮（快）件跨部门工作机制，从国际和国内两个层面大力推进班列运邮机制建设工作。随后，在 2016 年 4 月举行的中国（重庆）跨境电商邮政高层论坛上，沿线各国邮政以《重庆宣言》的方式正式确定了“各国合作利用中欧铁路开展铁路运邮，提供与跨境电商相适应的陆路运输方式”这一原则。

2017 年 3 月，万国邮联邮政经营理事会成立了铁路运邮特设工作组，由中国担任主席国，牵头开展与世界海关组织、相关国际铁路组织及中欧班列沿线国家共同研究国际铁路运邮规则和标准工作。至此，法律层面的中欧邮路彻底被打通。

2016 年 5 月，重庆成为全国首个海关总署批准的铁路运邮试点城市。中欧班列运邮测试工作也随即展开。2016 年 10 月，中欧班列（渝新欧）去程全程运邮测试成功；2018 年 11 月，中欧班列（渝新欧）首次回程运邮测试成功。经过 9 次的测试工作，中国邮政形成了一套被各方认可的国际货运列车常态化运邮的标准流程。中欧班列运邮工作已由测试期逐渐迈入规模化和常态化运邮阶段，正式开启了铁路运邮新时代。依托中欧班列，中国邮政推出了国际小包业务，让国际邮件在一月内直抵欧洲腹地，实现欧洲 23 国“自由行”，满足了国际跨境电商客户的寄递需求，改写了国际铁路运邮历史。

别看中欧邮政专列平时中规中矩，一旦遇到紧急情况，其优势就完全显示出来了。真正让中欧邮政专列大显神威的是 2020 年突然暴发的新冠肺炎疫情。在疫情暴发之初，强烈依赖海运和航空的国际邮路都基本瘫痪，全国的国际邮件一度积压超过 1500 吨。在这种紧急情况下，中欧邮政专列临危受命，对原计划通过北京、上海、深圳三大国际互换局以空运方式寄出的邮件进行紧急疏运。重庆市与中国邮政、海关总署合作，依托渝新欧邮政专列，率先为疏运积压国际邮件开辟出一条新通道。

2020 年 4 月 3 日，经过充分准备之后，“中国邮政号”渝新欧邮政专列在重庆正式发车，它搭载着42箱国际邮件，约10天后抵达立陶宛，再分拨至西班牙、丹麦、瑞士、法国等欧洲国家。截止到2020年11月6日，“中国邮政号”已累计疏运重庆本地至欧洲地区的邮包集装箱326箱，北京、广东、湖南等外省发往欧洲地区的邮包集装箱470箱，疏运邮件总量约占全国疏运邮件总量的1/3。继重庆之后，义乌、广州等地的中欧班列国际邮包专列也陆续开行，为形势严峻的疫情防控工作作出了重要贡献。

在中欧邮政专列开行期间，新技术新应用也令人惊叹，比如我国海关启用了高新技术手段，以安全智能锁为监管载体，将货物启运信息、机检图像、查验结果等数据写入安全智能锁，当集装箱抵达后，海关关员通过手持阅读机即可查阅查验结果，不再实施集装箱开箱侵入式查验，大幅提升了通关效率，节省了企业通关成本。

近年来，中国邮政深化与“一带一路”沿线国家合作，对接Amazon、Ebay、速卖通、Wish等大型电商平台，推出EMS、e邮宝、e速宝、国际小包、进出口保税等多种产品及一体化综合服务，通过航空邮路的不断优化和中欧班列运邮的开通，加快国际网运能力建设，缩短国际邮件全程时限，大大提升了对“一带一路”沿线国家及跨境电商市场的服务能力。在万国邮联近期发布的“邮政发展综合指数”中，中国邮政在通达性（即评估服务的国际化水平）指标方面排名最高。

我国的“一带一路”建设和铁路运输大通道正不断吸引众多跨境电商企业依托铁路口岸开展新的战略布局。未来，中国邮政将在几个重点口岸设立跨境电商地区性的集散分拨中心，中国邮政全面融入“一带一路”建设，借力铁路运输通道，进一步推动跨境电商的快速发展，更好地融入全球贸易大格局，为“一带一路”建设注入新的活力。

25 太空邮局：天外来信创造历史

◇ ……………………

厄恩斯特·施图林格博士端详着眼前这封特殊的信件。作为NASA（美国航空航天局）马绍尔太空航行中心的科学副总监，施图林格主要负责“火星之旅”工程。当时是1970年，美苏两国的“太空争霸”正进行得如火如荼。在这个时间收到一封来自非洲赞比亚的信件，还是一位修女寄来的，多少有些出乎博士的意料，但打开信封他就发现，这不过是又一封“灵魂拷问”。

修女玛丽·尤肯达在信中提出了这样一个犀利的问题：在目前地球上还有儿童忍饥挨饿、面临死亡威胁的情况下，为什么还要花费数十亿美元来进行一次火星之旅？是的，在人类现代航空航天的探索中，不时有人蹦出这样的质问：花这么大的人力、物力、财力的代价去发展各种“远在天边”的太空项目，到底有无必要，是否值得？

其实，施图林格每天都会收到很多类似的来信，但这封对他的触动最深，因为它来自一颗慈悲的饱含探求精神的心灵。博士决定尽自己所能来回答这个问题。

1970年5月6日，施图林格博士给尤肯达修女回了信，言辞恳切地解释说，人类可以通过太空项目为缓解乃至最终解决地球上的贫穷和饥饿问题作出贡献。例如，通过卫星监测与分析提高食品产量，以及通过改善国际关系提高食品发放的效率。此外，太空项目还有另外两个重要作用：促进科学技术的发展和提高一代人的科学素养。

“升起的地球”照片

施图林格还随信附了一张题为“升起的地球”的照片，这张标志性的照片是美国宇航员威廉·安德斯1968年驾驶“阿波罗8号”进行绕月飞行时拍摄的。博士在信中饱含深情地写道：“太空项目所能带来的各种结果中，这张照片也许是其中最可贵的一项。它开阔了人类的视野，让我们如此直观地感受到地球是广阔无垠的宇宙中如此美丽而又珍贵的孤岛，同时让我们认识到地球是我们唯一的家园，离开地球就是荒芜阴冷的外太空。无论在此之前人们对地球的了解是多么的有限，对于破坏生态平衡的严重后果的认识是多么的不充分，在这张照片公开发表之后，面对人类目前所面临的种种严峻形势，如环境污染、饥饿、贫穷、过度城市化、粮食问题、水资源问题、人口问题等，号召大家正视这些严重问题的呼声越来越多……太空探索不仅仅给人类提供一面审视自己的镜子，它还能给我们带来全新的技术，全新的挑战和进取精神，以及面对严峻现实问题时依然乐观自信的心态。”

就这样，半个世纪前，一位修女和一位科学家，两位心怀大爱的求知者，通过信件往来的方式探讨了太空项目与人类命运的关联。但是，这并不是邮政与航天第一次结合得如此令人瞩目的事件，时钟回拨十年，美国人就已经有了太空邮件的计划。

1960 年，美国宇航员约翰 · 格伦计划携带一封信件上宇宙飞船，不过作为首位环绕地球飞行的宇航员，他要关注的重要事情实在太多，以至于最终只在飞船里写下了一行字："抱歉，我忘记带信了。"

7 年后，苏联的"联盟 1 号"飞船携带着一批太空邮件发射升空，每个信封上面都印有"地球—太空—太空—地球"的字样。但飞船返航时因降落伞故障而失事坠毁，宇航员科马洛夫不幸葬身火海，太空邮件当然也未能成功投递。

1969 年 1 月 16 日，经过漫长的轨道修正后，苏联的"联盟 5 号"和"联盟 4 号"两艘飞船实现了人类历史上第一次空间交会对接。"联盟 5 号"的宇航员叶利谢耶夫和赫鲁诺夫出舱进行太空行走，成功进入了"联盟 4 号"，并把一封精美的邮件送到宇航员沙塔洛夫的手中，数百万观众在电视机前见证了这一伟大时刻。

这封信由拜克努尔航天场领导寄给沙塔洛夫，时代感鲜明的信封由苏联邮电部正式发行，一看就经过精心制作，还贴着一张真正的邮票，盖了有"地球—太空—太空—地球"字样的专用邮戳，日期为 1969 年 1 月 14 日。收到信后，沙塔洛夫为了证明它来过太空，特地在信封上签下"'联盟 4 号'宇宙飞船，1 月 16 日"，并署上自己的名字——世界上第一封太空邮件诞生了！

苏联的太空邮件先拔头筹，美国人当然也不甘示弱，他们打起了月亮的主意。1969 年 7 月，极具传奇色彩的"阿波罗 11 号"宇宙飞船登月时，将一个未盖邮戳的信封和一张铜版邮票样品带上月球，并在那里盖了邮戳，随后美国人又送给月球一份特别的邮件，里面除了一面美国国旗，还有一个密封胶囊，内藏一张字条，上面写着："我们来自人类世界"。

世界上第一封太空邮件

虽然第一封太空邮件的信封上醒目地印着“太空邮局”的俄文单词，但真正的太空邮局开张营业，要等到1978年3月7日。那一天，苏联与捷克斯洛伐克的航天组合古巴列夫和列涅科被送上“礼炮6号”空间站。次日，世界上首个太空邮局正式开业，宇航员携带了苏联邮戳和捷克斯洛伐克邮戳，共在10个苏联信封和3个捷克斯洛伐克信封上盖了邮戳，并将它们赠送给邮政博物馆、国际太空委员会和“布拉格-78”集邮博览会。宇航员还在自己的私人信件上盖下了这些邮戳。此后，该太空邮局一直正常营业，并在“礼炮6号”退役后，搬家到“礼炮7号”和“和平号”空间站上继续服务。苏联解体后，俄罗斯接手了太空邮局并营业至今，还经常制作太空纪念封。

太空邮局的形式与普通邮局不同，寄往空间站的邮件只要写了收信人，可以不写收信地址。因为空间站上总共也就那么几个宇航员。空间站向地面发信时，有时贴邮票，有时不贴，信封上有时盖邮戳，有时盖空间站公章，不过都会署有宇航员的签名。万一宇航员忘记署名那就麻烦啦，因为其他人很难确定这封信是否来自太空。太空邮件大体可分为三类，一是纪念性质的，主要赠送给太空飞行活动参与国的邮政与航天博物馆；二是宇航员私人信件；三是在空间站上盖邮戳的纪念封。

太空邮局的出现，催生了一个专门的收藏领域——航天集邮。国际集邮联合会为此成立了相应的委员会，负责制定邮品等级标准等相关事务。美国登月成功后，据此制作了大量的纪念封和纪念邮票，引发了狂热的收藏热潮，颇有生意头脑的美国邮政部赚得盆满钵满。1987 年 11 月与 1989 年 3 月，国际图书组织两次在“和平号”空间站上进行商业盖戳活动，第一次用非邮政印章盖了 1000 个彩色特别纪念封，第二次用正式邮戳盖了 500 封特制太空电报。然而，苏联国内的集邮者并不买账，认为那些都是冒牌货，因为上面虽然盖着拜科努尔邮局的邮戳，却根本没有进行实寄。但在苏联以外，集邮爱好者们对此趋之若鹜，把这些邮品的价格炒得极高，有的甚至达到数千美元一枚。上文中提到的世界上第一封太空邮件，很长一段时间内都保存在莫斯科星星城博物馆内，1993 年 12 月 11 日，时值苏联航天史 25 周年纪念日，这个实寄封的主人沙塔洛夫（当时已升为将军）把它送到索斯比拍卖行，最终拍出了 12. 35 万美元的高价。

与美、苏（俄）相比，我国的太空邮局起步较晚。2011 年 11 月 3 日，“神舟八号”飞船与“天宫一号”目标飞行器的成功对接，使得我国地面与太空的邮件传递成为可能。当天，中国邮政集团公司宣告中国邮政太空邮局正式开通，中国首位航天员杨利伟被聘请为太空邮局首任局长，并亲手寄出了我国第一封太空邮件。此时距杨利伟驾驶“神舟五号”飞船首次成功飞天，已经过去了 8 年；而距我国成功发射第一颗人造地球卫星“东方红一号”，已经过去了整整 41 年。

我国的太空邮局的邮政编码为 901001，采取“虚实结合”的经营模式，实体邮局设在北京航天城邮局，虚拟邮局设置在空间飞行器内，开办的业务大致分为三种：一是为航天事业及社会公众提供以航天为主题的邮政特色服务，结合航天重大发射事件，编号发行航天系列主题邮品；二是开展来自太空的祝福活动，通过太空邮局官方网站在线书写“太空信”，通过电子信息搭载返回制成实物邮件，加盖中国邮政特批的太空邮局日戳寄出，满足社会公众天地通邮的梦想和收藏需求；三是陆续策划和开展便于社会大众参与的航天科学主题活动，打造航天科普教育和邮政特色服务平台。

太空邮局一开张，就办得风风火火：为了纪念“神舟八号”与“天宫一号”的成功对接和太空邮局的开通，开业当日就发行了《神舟八号飞船与天宫一号目标飞行器交会对接纪念》《中国邮政太空邮局开通》纪念封和《中国载人航天工程》邮资信封各一枚；2011 年 11 月 17 日，发行了中国航天独立邮资图；11 月 21 日，“神舟八号”飞船返回舱举行开舱仪式，搭载的章丘大葱等 8 大类 123 种物品均装入太空邮局专用邮袋；2012 年 1 月 9 日，北京邮政推出“来自太空的印迹”特种纪念封和明信片……

2013 年 4 月中旬起，中国邮政太空邮局开始面向全国公众开展“太空信”邮寄业务。只需鼠标轻轻一点，每个人都可以通过太空邮局官网及相关门户网站，在线书写自己的“太空信”。太空邮局将人们的“太空信”以电子信息的形式存入电子芯片，由“神舟十号”飞船带入“天宫一号”目标飞行器进行业务展示处理，并进行公证。飞船返回地面后，邮局将在安全保密状态下将“太空信”电子信息制作成纸质信件，按照地址寄送给收件人。每一封内容搭载成功的“太空信”，在信封的正面都有一个“太空邮件”的图标，并盖有中国邮政特批太空邮局专用纪念邮戳。

业务推出后短短一个月的时间，太空邮局就收到了大概 2.5 万封信件，其中有即将毕业的大学生寄给即将分别的室友的，有立志当宇航员的小朋友寄给自己的，有普通市民寄给父母和妻子的……人们用“太空信”这种新奇又特殊的形式表达出真挚的情感，或是对亲友的爱，或是对生活的感悟，或是对未来的憧憬。“神舟十号”就这样带着寄信人的祝福和愿景遨游太空，然后把这“来自太空的祝福”送到收信人手里。

“中国梦由每个中国人的梦共同组成。”太空邮局相关负责人感触颇深地表示：“‘来自太空的祝福暨我的中国梦’大型公众活动，就是要借‘神舟十号’载人飞行任务这一重大事件，把个人的梦、国家的梦、民族的梦，用太空邮局特有的方式，送到宇宙太空，送到更多人的心中。”他还不忘补充一句：“寄一封太空邮件，不贵，只要 30 元。”

2016年11月3日，对近1700所中小学校的51万名中小学生来说，是一个终生难忘的日子。这些参加“家书载梦，来自太空的家书”青少年航天科普教育主题实践活动的孩子在电视中惊喜地看到，作为太空信使的航天员景海鹏和陈冬，首次以视频连线的方式，向公众展示太空邮局天地通邮，为青少年们寄达“天宫二号”的信件加盖纪念邮戳，并现场选读了7封来信。

当年9月，参加活动的50多万青少年，亲笔写下了自己对生活、对成长、对中国航天的感受、梦想、祝福，亲手将这装满了希望、期待和热情的特殊信件寄送出去。两个月后，他们终于等到这一刻，看到自己的信件寄达“天宫二号”，听到航天员展示、朗读自己的信件，更令他们兴奋的是，“神舟十一号”返航后，太空邮局将以实物太空信的形式，将信件寄送给自己。

从古老的鸿雁传书，到高科技的天地通邮，书信文化在与太空项目科技成果的结合中，焕发出了新的神采。每一封饱含人类美好感情的天外来信，都让我们对宇宙、对地球、对生活、对自己有了更深层的感悟。也许在不久的将来，人类终将飞出太阳系、移民外星球，那时的太空邮局，就能实现真正的星际通邮。到那一天，如果回头再读一读半个世纪年前施图林格博士给玛丽·尤肯达修女的回信，其结尾处引用的诺贝尔和平奖得主艾伯特·施魏泽的名言应该更能引起我们的共鸣——“我忧心忡忡地看待未来，但仍满怀美好的希望”。

扫码获取
★阅读记录
★邮政故事
★知识科普
★交流社群

26 @：小小字符改变通信史

◇ ………………

圆眼镜、络腮胡、一头乱发、格子衬衫……雷·汤姆林森先生为人低调谦逊、沉默寡言，跟大家印象中的普通“理工男”形象没什么不同，但他有一个如雷贯耳的名头——大部分媒体尊他为“电子邮件之父”。

雷·汤姆林森

为什么是“大部分媒体”而不是“所有媒体”呢？因为《互联网周刊》等少数媒体认为，加利福尼亚大学的计算机科学家莱纳德教授才是世界上第一封电子邮件的发出者。但是，1969 年，莱纳德教授发往斯坦福研究中心计算机的那封“电邮”，实际上并没有寄件人和收件人，内容也只是一条远程登录指令“log”，而且对方只收到了前两个字母“lo”，系统就瘫痪了……半个世纪前的科技水平就是如此令人尴尬。确切地说，在那个年代，如果某个人想把某台电脑上的电子信息传送给另一台电脑前的另一个人，还真没有什么好办法。直到 1971 年，汤姆林森发明了网络一对一的“真正的电子邮件”。

时间再倒退 1/4 个世纪，战火纷飞的 1942 年，雷·汤姆林森与大名鼎鼎的斯蒂芬·霍金同年降生。这两位以不同方式在科学史上留名的同龄人，小时候都对各种机械的运转方式着迷，只不过少年霍金喜欢设计复杂装置并组装起来，而小汤姆林森则相反，他喜欢拆卸分解：“在我还是个孩子的时候，我就喜欢把家里的表或收音机等东西拆开，研究它们是如何工作的。于是，我在大学选择专业时，很自然地便选择了工程科。”

1965 年，在麻省理工学院攻读研究生的汤姆林森接触到了母校刚开发的一个信息传输程序——MAILBOX（邮箱）系统，它能让信息在同一台电脑上传输。是的，你没看错，同一台电脑——20 世纪 60 年代的计算机既笨重又昂贵，每一台大型电脑都有至少上百位用户，所以这个所谓的“邮箱”，其实只是个类似“留言板”的程序，只能让这台计算机的用户们在本机共享一些信息。

1967 年，汤姆林森博士毕业，这位年轻的电脑工程师加入了博尔特·贝拉尼克—纽曼（简称 BBN）公司，成为一名电脑研究员。BBN 公司参与了美国国防部的一个军方项目——建设和维护阿帕网（Arpanet）。阿帕网就是日后互联网的前身，但当时只是一个与美国 4 所大学的电脑相连的小规模网络。

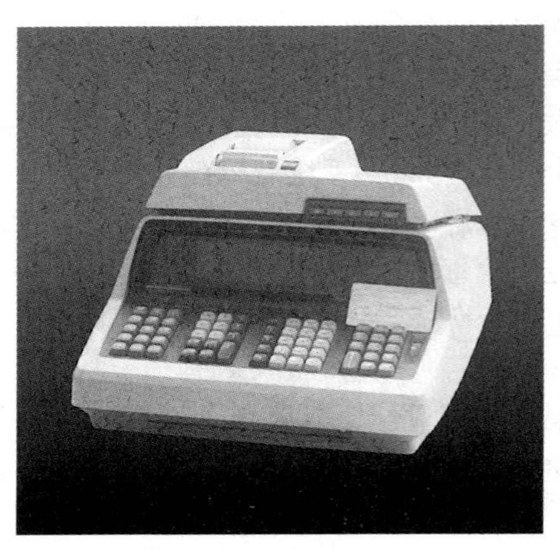

1968 年的惠普 9100A 被《连线》杂志称为世界上第一台个人电脑

1971 年的秋天，汤姆林森决定开发真正的电子邮箱和电子邮件：他先编写了一个改良版的信息传输程序，在两台相互连接的电脑上运行后，就能使一封信从一台主机发送到另一台并被接收。接连攻克技术难关之后，他暂停下来，开始思考一个看似简单但特别关键的问题：该如何用一个特别的格式来定义“邮箱地址”，好让电脑识别呢？虽然“图灵奖”获得者约翰·麦卡锡早在 1956 年就提出了“人工智能”的定义，但要从各种程序字符串中把一个个容易混淆的邮箱地址代码都准确解析出来，显然当时电脑的“脑细胞”并不太够用。

也许冥思苦想换来了灵光一现，汤姆林森决定用“@”字符来分隔用户名和计算机名。“它必须简短，因为简洁是最重要的。”后来接受采访时汤姆林森回忆说，“我看着电脑键盘，然后开始想：我该选哪个才不会让人们把这个字母和用户名混在一起呢？”突然之间，圆圆的“@”字符像个灯泡一般点亮了他的脑海：“人们可能会在用户名中使用逗号、斜杠和空格，而在剩下的几个可选的符号中，‘@’这个最有意义，最说得通，它可以表示介词‘at’（在），哈哈！”

如此一来，既可以简洁明了地传递“某人在某地”的信息，又避免了电脑处理信息时产生混淆，于是就有了我们现在熟知的电子邮箱的表示格式：×××@×××，这使得电子邮件得以通过网络准确无误地传送，而且赋予了“@”字符一个全新的内涵。“它就在那里，我甚至没有尝试其他字符。”汤姆林森说这话时的表情，仿佛就像是“@”选中了他，而不是他选中了“@”。

下面，就是见证世界上第一封真正的电子邮件诞生的时刻！不爱出风头的汤姆林森只邀请了同事杰里·布彻菲尔来“围观”，而且还鬼鬼祟祟的。“他一边向我展示成果，一边叮嘱我说：‘千万不要告诉其他人，我们拿钱可不是为了做这个的。’”布彻菲尔回忆道。

那么，汤姆林森发出的世界上第一封电子邮件，究竟写了什么？

“我完全忘了。”

事实上，我们的“电子邮件之父”既记不清第一封电子邮件诞生的具体日期，也不记得邮件的内容，也许只是类似于“QWERTYUIOP”这样一串随意在电脑键盘上敲打出来的字母吧。“他只知道这封邮件是由他从一台电脑发到另一台电脑上的。”布彻菲尔补充了一句看似废话的总结。

尽管小心谨慎的汤姆林森担心别人说他不务正业，但他的发明马上受到了高层重视——他几乎是立刻就得到了美国国防远景研究计划局的支持。显而易见，官方看到了电子邮件的远景，很快将其作为内部人员通信的首选方式。

三年后的1974年，通过阿帕网的推广，电子邮件的用户已经达到了数百人，不过他们大都是军方用户。“阿帕网之父”劳伦斯·罗伯茨为他的上司发明了邮件中的文件夹，以便他能够更好地整理自己的邮件。从那以后，电子邮件被不同的平台和技术人员改进和发展，开始了飞速的进化。

1975年，美国南加州大学的约翰·维泰尔发明了第一款电子邮件相关的服务软件。这个叫MSG的程序在技术上的最大进步是添加了“回复”和“转发”功能。

1977年，现代的电子邮件系统开始出现。使用同一款软件并且联网的计算机都可以使用汤姆林森的方法发邮件。

你有没有发现，直到这里还没提及我们耳熟能详的英文“E - mail”？因为这个词在 1982 年才诞生。那一年，第一个基于互联网基础传输电子邮件的标准出台，这就是 SMTP（简单邮件传输）协议，时至今日还在被我们使用。

1983 年 1 月 1 日，阿帕网正式使用 TCP/IP 协议取代旧的网络控制协议（NCP），从而成为今天互联网的基石。值得一提的是，早在 1974 年，汤姆林森就参与了 TCP/IP 协议的制定工作，其他很多早期的互联网协议，也都有他的贡献。

从 20 世纪 80 年代中期开始，个人电脑兴起，电子邮件在电脑迷和大学生中被广泛使用。1987 年 9 月 14 日 21 时 07 分，北京市计算机应用技术研究所的工程师王运丰向德国卡尔斯鲁厄大学发出了我国第一封电子邮件，即著名的“Across the Great Wall we can reach every corner in the world.（越过长城，走向世界）”。另有一种说法，1986 年 8 月 25 日，高能物理研究所科学家吴为民发给瑞士西欧核子研究中心的斯坦伯格教授的邮件，才是我国第一封电子邮件。

1988 年，世界上第一个商用邮件系统 Eudora（尤朵拉）问世，其发明者是美国伊利诺伊大学的学生史蒂夫·道纳尔，后来他也成为著名的软件工程师。1991 年，高通公司获得授权免费分发 Eudora，两年后高通公司将其作为消费者产品发布，由于是第一个有图形界面的电子邮件管理程序，它很快就在各公司和大学校园内流行起来。此后，许多为个人电脑编写的电子邮件客户端纷纷涌现，但很少有像 Eudora 一样成功的。

1990 年，HTML 格式的电子邮件出现，除了文字之外，我们终于能在邮件中看到图片了！1992 年，MIME 协议（多用途互联网邮件扩展）诞生，它扩展了电子邮件标准，使其能够支持更多种形式的内容。也是在这一年，微软公司在 MS - DOS（微软磁盘操作系统，比 WIN95 还要古老）上推出了邮件应用 Outlook，后来移植到了 WINDOWS 系统上并被人们沿用至今。

20 世纪 90 年代中期，网络浏览器诞生，“网上冲浪”人数激增，电子邮件变得家喻户晓。1996年，世界上第一个以网页为基础的邮件应用Hotmail诞生，它的成功使一大批竞争者得到了启发，很快电子邮件成为门户网站的必备服务，如yahoo（雅虎）、netscape（网景）、Lycos（莱科思）等平台纷纷推出自己的电子邮件业务。1997年的最后一天，微软花费4亿美元买下Hotmail，可别觉得贵，Hotmail被并购时注册用户还不到900万，但仅仅8年后，2005年注册用户已高达1.9亿——Hotmail的创建者萨比尔·巴迪亚估计肠子都悔青了。

1998年3月，第一个由中国人自己开发的免费邮件系统Coremail横空出世，它是由刚刚创办网易的丁磊联合专注邮件系统开发的陈磊华为中国网民打造的，借助网易平台，当年年底就拥有了40万用户，1999年6月，用户突破了100万。虽然陈磊华很快就离开了网易，但这个产品给丁磊创造了原始积累，而且为网易日后的发展壮大奠定了基础。

2002年，腾讯公司推出了QQ邮箱，承诺向用户提供安全、稳定、快速、便捷的电子邮件服务，与现在人手一个微信账号、人手一个QQ邮箱不同，早期的QQ邮箱容量小、功能少，直到2007版迭代之前，在市场上都没形成多大竞争力。

进入21世纪，电子邮件已经成为我们工作与生活中必不可少的重要工具，使用者早已突破了10亿人。美国《达尔文》杂志认为："电子邮件的发明毫不逊色于电话的发明。"虽然随着时代的改变，电子邮件正在经历着各种其他形式产品的挑战，比如OA之类协同办公软件，但仅就目前来看，我们还远没有找到可以完全替代它的产品。因为电子邮件不只改变了许多公司的工作习惯，也改变了数以亿计的人购物和经济活动的形态，还成为远隔千里的亲朋好友之间经常保持联系的最佳途径之一，可以说，电子邮件已经改变了人类的生活方式。

不过，汤姆林森可从未想到电子邮件会在后来如此普及，也没意识到自己开创了通信时代的革命。"我只觉得这种方式非常有用。这是一种不需要太多设备资源的通信方式。当时我无法预料，今天计算机产业能有如此突飞猛进的发展。"美国伦斯勒理工学院技术名人堂评价说："可以说，是汤姆林森在无意间改变了人们的沟通习惯，带来了一个全新的交流工具。"

2012 年，70 岁的汤姆林森入选由互联网协会（ISOC）评选的首届互联网名人堂，同期入选的还有"互联网之父"文顿·瑟夫、万维网发明者蒂姆·伯纳斯－李、Linux 系统内核发明者林纳斯·托瓦兹等多位"业界大咖"。

2016 年 3 月 5 日，雷·汤姆林森因病逝世，走完了他 74 年的传奇人生。当年的"360 百科"网站上，悄悄地增添了一个新的词条："@一代"——泛指伴随信息时代成长起来的新新人类，网络是他们最心仪的居所，网络使他们充满淘金者的梦想和创造者的快乐。

是的，除了半个世纪前研发出全球通用至今的电子邮件，汤姆林森还给人类留下了一个"余味悠长"的遗产——"@"，这个字符在全球流行，现在甚至已经成了一个文化标志。

随着电子邮件的日益普及，"@怎么读"成为研究不同国家和民族文化行为习惯的一个有趣切入点：俄罗斯人把"@"称之为"小狗"，法国人和意大利人把它叫作"小蜗牛"，德国人、荷兰人和南非人称其是"猴子尾巴"……在我国，"@"也出现了多个读法，比较流行的有两种：一是"圈 a"，二是"花 a"。当然，在母语为英语的国家，大部分人还是直接把"@"读作"at"（艾特）。

"@"甚至还渗透进传统文化圈，郭德纲的相声里讲过这么一段：他画了个"太上老君急急如律令"的符烧了，怕天上神仙不理他，特地在"太上老君"前面加了个"圈 a"——"只要他没'拉黑'我，就能收到！"

2009 年 9 月 25 日，新浪微博官方博客发表博文《@功能上线，微博上交流更方便》，有了@功能之后，用户之间的交流变得更加紧密，从此中国走入了"微博@时代"。

随着网络在我国的迅猛发展，"@"早已不仅仅是个电子邮件的符号了，在网友们的聊天、沟通当中，它往往被当成一种表情符号，许多网友觉得它很像水汪汪的大眼睛，所以有时候会打上两个"@"，写出诸如"@_@"这样的"文字表情"，以表达自己的各种情感。

尽管“@”使汤姆林森成为传奇人物，但他谦虚地认为，这并没有什么了不起。“给我带来最大快乐的是，我找到了复杂系统中难题的解决办法。问题越是难，我越是喜欢。”美国《福布斯》杂志对此评价道：“对他个人来说，‘@’只不过是一件小发明，但对整个世界来讲，则无疑是一件伟大的发明。”

在这个层面上，或许意味着小小的“@”符号不仅改变了人类通信史，甚至改变了整个人类历史。让我们仿照阿姆斯特朗的那句话来说吧：这是雷·汤姆林森个人的一小步，却是全人类的一大步——人类跨进信息时代，“@”就是那第一个深深的大脚印。

27 极地飞鸿：一个人的远洋邮局

◇ ……………………

一年之内远赴南北两极，是一种什么体验？在中国最大的极地考察船上工作，是一种什么体验？成为中国第一位极地邮使，是一种什么体验？作为人类历史上第一位远洋邮政局局长，是一种什么体验？整个邮局从领导到员工都是自己一个人，是一种什么体验？这极具传奇色彩的 5 个问题，有一个人可以全部回答出来。他，就是 1999—2002 年间“雪龙”号邮电支局局长——颜修荣。

“雪龙”号极地考察船

“雪龙”号的大名，在全国乃至全球极地科考界都是响当当的：

它是1993年从乌克兰进口后改造而成的中国第三代极地破冰船，是中国最大的极地考察船，也是中国唯一能在极地破冰前行的船只。在两极冰天雪地的恶劣环境中，“雪龙”号能以1.5节航速连续冲破1.2米厚的冰层（含0.2米雪）。从1994年10月到2019年1月，“雪龙”号已先后35次赴南极、8次赴北极执行科学考察与补给运输任务，足迹遍布五大洋，创下了中国航海史上多项新纪录。

那么，“雪龙”号又是如何与邮政事业结缘的呢？

在极地开设邮局，最早是由著名科学家陈立奇提出的。20世纪90年代，作为我国北极科学考察事业的开创者之一，时任国家海洋局极地办主任的陈博士考虑到，从大处来说，极地考察站可以看作我国在极地的“领事馆”，代表国家主权，从小处来说，远洋航行考察会造成船员、考察队员、站内人员通信不便，于是他呼吁有关部门尽快开办极地邮政业务。

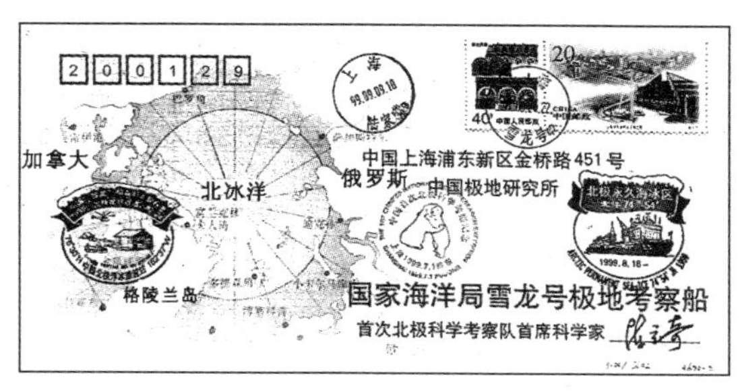

科学家陈立奇签名封

为了拓展延伸邮政传输的“绿色通道”、沟通邮政与极地间的联系，经过国家海洋局与上海邮政部门商定，国家邮政局批准，1998年7月18日，“雪龙”号邮电支局正式落户“雪龙”号极地考察船，成为人类历史上第一个远洋邮政局。该局直属上海市邮电管理局，业务由浦东新区邮政局代管，在当年8月向全系统近3万职工和其他人员公开招聘支局职员。

消息传到颜修荣耳朵里的时候，47岁的他只是上海浦东新区邮政局机关的一位普通员工，但他马上意识到自己是这个岗位的不二人选：上海外国语学院英语系毕业的他，能说一口流利的英语；

5 年北海舰队海军工程潜水员的经历，使他十分熟悉海洋生活；他甚至还有一张全国计算机统考中级证书，在那个年代算是“高科技人才”……唯一不足的反而是他的邮政本职工作——由于多年在机关管理设备，颜修荣对常规的邮政业务略显生疏。

不过老话说得好，不会可以学嘛！好在颜修荣本来就是邮政工作人员，重新拿起基本业务毫不费力。很快，他在应聘中过关斩将，脱颖而出，受聘成为“雪龙”号邮电支局局长。

1998 年 11 月 5 日，中国第 15 次南极科学考察队扬帆启航，开始了跨越两个半球的漫漫征程。与此同时，“雪龙”号邮电支局也正式开张。如果当时你走上“雪龙”号，就能在一间小小的船舱看到一块铜牌，上面用中英双语写着“雪龙号邮电支局，地址：中国极地科学考察船——‘雪龙’号 251 室；邮政编码：200138”。船上寸土寸金，251 室面积仅约有 10 平方米，但电脑、打印机、磅秤、放像机、多媒体邮政查询系统等设备一应俱全——这些是上海邮政投资 50 万元在船上安置的。当然，最引人注目的还是身穿制服、神采奕奕的颜局长。因为这个邮局太小，他这个官手下并没有兵，自己就是局里唯一的员工。

我们知道，在一些偏远地区确实有“一个人的邮局”，但开设在万吨远洋巨轮上，还要千里迢迢开到极地去，那还真是前所未有。远洋航行本来就异常艰苦，何况是驶向不毛之地！5 个月中，“雪龙”号乘风破浪，航程 21850 海里，还没等来平均气温零下几十摄氏度的南极考验，船上的人就已经领教了各种极端天气和意外情况等“拦路虎”。在严酷的大自然面前，即使是做过海员的颜修荣，有时也苦不堪言。1999 年 2 月 14 日，在返航途中，大自然把情人节变成了“情人劫”：海上突然涌起滔天巨浪，万吨巨轮“雪龙”号竟像一片无助的落叶，被风浪掀到半空，又狠狠地砸到水里。即使开足马力，也无法冲出重围。整整三天三夜，船上的人将生死置之度外，不吃不喝、不眠不休地与大自然搏斗。

就算脱离了恶劣环境甚至生死关头，在偶尔的风平浪静之时，颜局长的工作也不像想象中的清闲，反而从第一天起就忙个不停：“雪龙”号邮电支局的服务对象主要是船上的工作人员和极地科考队员，航行途中每到一个停靠港口，颜修荣就会将信函统一打包寄出。以前中国科考队员在南极寄信，都要跑到澳大利亚戴维斯邮局去，往往人回国了，信还没到家，而且邮资不菲。现在可方便啦，由于远洋轮是“流动的国土”，不论航行到地球上哪个角落，寄信回国永远只按国内邮资标准收费。据统计，在 149 天的南极航程中，颜修荣凭一己之力，总计经手了 1025 封邮件，其中国内信函 986 件、国际信函 39 件。

除了受理基本的信函业务，颜局长也出售各类集邮邮品。由于“雪龙”号科考船和“雪龙”号邮电支局都创下了国内外多个第一，船上搭载的各类邮品也非常受青睐：国家信息产业部发行的“中国极地科学考察船——雪龙号邮电支局”成立纪念邮资明信片，浦东新区邮政局发行的启航、归航封（封上收寄戳、启航戳、雪龙号邮局戳、极地戳、中山站邮局戳和落地戳一个不漏），甚至还有颜修荣专门制作的五花八门的签名封、赤道封、思念封、梦游南极封……看这别出心裁的名字，就知道是精心制作的特别珍邮。

比如“梦游南极封”，就是以南极景色为背景，用考察队员和船员们的亲朋好友像合成照片制成的纪念封，在那个还没有 Photoshop 的年代，大家看到合成后的人物犹如身临其境，惊喜异常。启航当日，颜修荣卖出 1 万多元的邮品，南极航程的 149 天里，共售出 900 多套纪念封和 1900 多张明信片。曾六赴南极考察的地质学家刘小汉说：“这样的邮品太珍贵了，买一套可作为永远的纪念。”

1999 年 4 月 2 日，完成了惊涛骇浪的艰险征程，中国第 15 次南极科学考察队凯旋。同年 7 月 1 日，风尘仆仆的颜修荣还没休息多久，就又随船远征，去了北极。随着世界上第一个远洋邮政局进驻北冰洋，颜修荣也成为中国邮政史上第一位在一年之内到达两极的传奇人物。

有了南极之行的经验，颜局长在邮政业务上做得更多，想得更远：这次他带来了两套启航封和归航封；251 室里布置起了邮票展示栏，两极邮票琳琅满目地陈列着；他还聘请考察队副队长、我国南极科学考察事业开创者之一的颜其德出任支局名誉支局长、“雪龙”号政委和考察队员卢宇忠出任名誉职工，正儿八经地向他们颁发了聘书和制服。

细心的颜修荣注意到，我国首次南极考察和北极考察，有19位考察队员都参加过，于是他精心设计了一个惊喜，制作了“中国首次南北极科学考察”纪念封送给他们。纪念封正面的图案由中国首次南北极科学考察队队徽、1984年首次南极考察时使用的我国自行设计制造的第一艘万吨级远洋科学考察船“向阳红10号”和“雪龙”号考察船组成，背面是19位考察队员的合影彩照。这枚极其珍贵的纪念封限量仅20枚，除了19位考察队员，另一枚存放在极地科普馆。

是的，就像在南极时一样，颜修荣在常规工作之外，再次利用数码相机和电脑亲手制作了许多创意无限的纪念封，虽然额外的加班非常辛苦，但他感觉非常值得：“我要做好‘雪龙’号邮电支局无形资产这篇文章，充分利用先进设备和制作能力，根据特殊需求，现场加工制作各类富有特色的精致思念封、极地系列封、签名封、人像照片影印封等，为北极之行增光添彩！”

在波澜壮阔的大海上，颜局长还有更加惊人的创举：1999年7月3日10点30分，在北纬32度45分、东经127度03分的东海海域，颜修荣和考察队员孟广林一起，向大海投下了此次航行的第一个漂流瓶。这是一个矿泉水瓶大小的白色塑料瓶，瓶内封装着一枚“中国首次北极科学考察暨雪龙号首航北极纪念”启航封，信封正面用中英双语写着“幸运者收”和“航线投放漂流瓶对戳纪念封”，还注明了投入日期和经纬度。邮票上盖着“上海，1999，07，01，10，雪龙号”字样的邮戳，还有国家海洋环境监测中心的通信地址和中国首次北极科学考察的五花八门的纪念戳。从那天起，“雪龙”号每前进一个纬度，就向海里扔下一个漂流瓶，进入冰区，就将漂流瓶放到冰上，最后一个和一面国旗一起，固定在了永久性的冰盖上。这是科学工作者的浪漫，也是中国邮政人的浪漫！

当然，投放这些漂流瓶并非浪漫和好玩那么简单：颜修荣和孟广林两人共制作了50对漂流瓶，每隔一个纬度投放一个的同时，另一个一模一样的漂流瓶则保留在“雪龙”号上。这个举措有三大目的：一是为我国首次北极科学考察留下纪念，二是用于漂流研究，三是拾到者可获得与中国科学家对话的机会，为我国两极科考走向世界作贡献。这次特殊的“实寄”活动，正是科学考察和邮政有机结合的一个大胆尝试。

秉持这样的科学精神和工作态度，颜修荣不辞辛劳地为大家服务。每天，从清晨到深夜，只要有人光顾，颜局长就笑呵呵地干起邮政业务。考察队员和船员都把这小小的邮电支局当成了酒吧、俱乐部一般的休息、聚会和娱乐场所，有事没事，都喜欢来跟颜修荣聊上两句。在船员们口中，“雪龙”号邮电支局俨然成了一个“没有关门时间的邮政局”。通过这样的影响力，颜修荣甚至拉到了赞助——有家公司特地为支局购置了彩色激光打印机、数码摄像机、光盘刻录机和扫描仪。

让颜修荣的社交能力发挥得淋漓尽致的，还得说说国际邮政交流。在这样的重大场合，他的英语能力大显身手。早在南极时，颜局长就进行了成功的“邮政外交”：他先后拜访了俄罗斯进步站和澳大利亚戴维斯站邮局，邀请两地的工作人员来“雪龙”号邮电支局做客，双方还交换了邮品，其乐融融。在南极之行的归航途中，“雪龙”号停靠了澳大利亚的弗里曼特、霍巴特和新加坡港，颜局长在工作之余拜访了三个港口的邮局。在弗里曼特港口邮局应邀参观时，颜修荣发现营业大厅就像个超市，除了邮品，各类文创产品应有尽有，让他大开眼界。第二天，该局行政主管考斯特先生回访“雪龙”号，给支局送来了一批邮品，说非常钦佩中国邮政率先设立远洋船邮政支局。在这些国际交流中，颜修荣既是中国的邮使，也是国际间和平与友谊的大使。

有了如此传奇的工作经历，再回望远航中的那些披星戴月、风餐露宿的生活，甚至一些惊心动魄、九死一生的险情，颜修荣只是一笑置之，云淡风轻。在他看来，他只是做了自己的本职工作。尽管成就了中国乃至世界邮政史上的多个第一，但更让他自豪的是作为科学考察后盾的强大祖国。回想起第一次到达南极腹地中山站的时候，颜修荣远远地就看到了五星红旗。那天晚上，和中山站的工作人员欢聚一堂，大伙儿听着中国歌，说着中国话，吃着中国菜，颜修荣心里异常激动，“感觉跟回国一样”。

28 中国邮政智能化未来展望

◇ ┈┈┈┈┈┈

湖北仙桃市，2019 年 8 月 22 日，在某个小区的居民楼前，出现了有趣的一幕。一台长约 2 米、宽约 0.8 米、高约 1.5 米，带有"中国邮政"字样的无人投递车载满了邮件，自己跑到预定地点，等待客户取送邮件。这台智能小车的外形设计充满了现代感，自动导航投送邮件更让人惊喜连连，以至于取信的女士情不自禁地感叹道："我的天，这可真是太厉害了，它是自己跑过来的吗？你们邮政现在这么'高大上'了吗？"这位女士的惊讶凸显了很多人对传统中国邮政久远的印象和记忆。

这台无人投递车只是中国邮政智能化发展的一个缩影。小车速度并不快，每小时最高也就跑 15 千米，一次最多可以装载 200 千克邮件，车身上设置了 30 个包裹格口，格口尺寸可以调整大小，以满足不同规格邮件的投递需求。车体采用防水、防尘的硬件设计，即使在恶劣的天气环境中也能正常完成投递作业，并确保邮件不受到损坏。在投递过程中，无人车会提前 10 分钟给客户拨打电话，并发送带有取件码的短信；客户只需扫描车身上的二维码，输入取件码，即可打开相应的格口取走包裹，这使得投递服务更加优质和方便快捷。

邮政无人投递车

领略了无人投递车的风采，我们不得不感叹，中国邮政如今真是非常有趣的存在，由于我们很多人已经习惯了顺丰、“四通一达”等民间快递的投送业务，对中国邮政这样的国企反而越来越陌生。然而，中国邮政作为全球500强之一的超大型企业，其业务范围已经涵盖了民间快递业无法到达的偏远地区，条条邮路就像人体的毛细血管一样，可以将邮件传递到哪怕只有几户人家的乡村；那些披星戴月的基层邮递人员，很多时候是用自己的双脚双手攀缘悬崖峭壁，蹚过湍急河流，将珍贵的邮件送到客户手中。真可谓“凡有人居处，必有邮政人”。

中国邮政截至2019年拥有服务网点5.4万余个，全国建制村直接通邮率达99.96%，基本实现“乡乡设所、村村通邮”；拥有生产汽车10.5万辆、智能包裹柜9.2万台、货运飞机32架，建成了陆航一体、运行高效、覆盖全国、通达全球的快递服务网络，全网日处理能力有5000多万件。据统计，2019年，我国邮政业业务总量和业务收入分别完成1.62万亿元和9642.5亿元，同比分别增长31.5%和22%，业务收入占GDP比重接近1%；快递业务量和业务收入分别完成635.2亿件和7497.8亿元，同比分别增长25%和24%，业务量稳居世界第一，占全球业务量的50%。万国邮政联盟倡导的“普通服务”的理念和宗旨，在中国邮政的身上体现得淋漓尽致。

就在很多人对中国邮政的固有印象还停留在一张柜台、几个员工、数台电脑，兼卖邮品等老皇历的时候，经过十多年的发展，中国邮政早已今非昔比了。信息化和人工智能技术的进步，已经让中国邮政打了一个翻身仗。就让我们一起盘点一下，日新月异的中国邮政在智能化、信息化建设中已经和将要带给我们哪些惊喜吧！

邮政的智能化和信息化建设离不开国家各层面政策的支持。2017 年 5 月，国家邮政局发布《国家邮政局关于加快推进邮政业供给侧结构性改革的意见》，提出要引导企业加大科技投入，推广应用云计算、大数据、互联网、物联网等信息技术，探索应用人工智能、无人机等先进技术，广泛使用自动装卸传输分拣、冷链物流等技术设备。

2017 年 12 月，国家工业和信息化部发布《促进新一代人工智能产业发展三年行动计划（2018—2020 年）》，提出要提升高速分拣机、多层穿梭车、高密度存储穿梭板等物流装备的智能化水平，实现精准、柔性、高效的物料配送和无人化智能仓储；开发 10 个以上智能物流与仓储装备。

2018 年 1 月，国务院办公厅印发《关于推进电子商务与快递物流协同发展的意见》提出：强化标准化智能化，提高协同运行效率；加强大数据、云计算、机器人等现代信息技术和装备在电子商务与快递物流领域应用；加强快递物流标准体系建设；鼓励信息互联互通；优化资源配置，提升供应链协同效率。

在这些政策的引导下，中国邮政的智能化和信息化水平有了长足的进步。邮政业务主要包括四个关键环节：揽收环节、仓储环节、运输环节和投递环节。这四个环节均可实现智能化作业。

在揽收环节，在手持智能终端采用增强现实技术，邮递员可通过拍照自动测算邮件的体积，实现自动计费，减少人员的占用；使用收寄一体机，为客户提供文件、小件物品的自助交寄服务；使用射频识别标识替代纸质面单，批量自动读取，简化人工操作，可全程自动追溯邮件；推广、应用语音识别技术，快速采集收件人地址、姓名等信息，现场生成含有各类关键信息的射频识别标签或二维码隐私面单，这样可以减少使用传统的含有收寄件人地址和姓名信息的详情单，保护客户隐私的同时，实现了散户快速揽收和信息共享；可共享揽投员定位，将揽投员定位实时推送到 App、微信，便于客户掌握揽投员及邮件动态，从而提升客户信任度和服务满意度。

在仓储环节，实现无人化、智能化作业，可大大减少人员配备，显著提高生产效率。我们可以使用基于人工智能的图像识别技术，通过扫描邮件地址提取文字，实现对邮件地址的识别，提高人工书写地址的邮件自动化分拣质量；在处理中心内部逐步推广无人化作业，实现自动装车、自动卸车、自动分拣、自动盘驳。比如，美国亚马逊仓库配备了超过几万台的 Kiva 机器人，代替人力搬运货物，它们在库房里帮助进行配送操作，将平均订单处理时间从 1 个小时缩短至 13 分钟。又比如，杭州处理中心的分拣机器人“小黄人”每小时可处理 3.5 万件，可替代至少 100 名熟练工人，它们能在 3000 亿条路径中迅速找到最佳路径完成分拣，而且互相之间也不会碰撞，智能控制系统的反应速度为 0.017 秒，运营效率提升 3 倍，处于世界领先水平。

亚马逊的 Kiva 机器人

“小黄人”分拣机器人

在仓储中心可推广应用机械臂、供件机器人、增强现实眼镜、扫描指环等可穿戴设备降低劳动强度，提高拣货效率；通过视觉识别、自动抓取包装箱、自动扫码、自动贴标、自动标签校验等智能打包技术，大幅提升运营效率；在仓内操作层面，借助增强现实技术构建智慧物流系统，利用头戴式设备可以看到所有快件的信息，方便操作者快速找到对应商品在仓库中所处的位置，并自动规划最优路线，快速拿到订单商品。

在运输环节，采用无人投递设备，比如投放无人机，开行无人驾驶汽车或者无人投递车，可降低人员成本，缩短运输时间。例如爱沙尼亚星船技术公司（Starship Technologies）开发出的能够携带包裹沿人行道行驶的快递机器人，平均时速约为 6.4 千米，能够携带两个重量总和不超过9000克的包裹，投递时间为5—30分钟。

开发运输信息共享平台，智能整合社会资源，引入众包理念，推动共享运输；推广车联网应用，通过GPS、5G、北斗、各种传感器、视频监控等车载物联网设备实现人、车、货、仓及相关设施、设备的全面透明、可视可控，结合外部路况、天气等全方位信息交互，提高车辆运行效率和效益。在这里，值得一提的是5G网络，它有三大特点：极高的速率、极大的容量、极低的时延。当5G技术应用到无人机、无人驾驶汽车上面的时候，更有利于这些交通工具车及时反馈路线路况，使其可以更快躲避障碍物，也可实现预设线路的自动飞行和驾驶，使得邮政运输更加安全和快捷。

在运输过程中可根据邮件重量、体积及流量流向，提前对运输车辆、货机实施仿真智能配载，提高车辆及飞机的载运率；根据货量、交通状况实施智能车辆调度，制定经济快捷线路规划，利用数据共享技术对车辆各类运输成本进行清晰账目核算；推行无人化智能场院管理，通过对车辆的智能扫描，判断车辆车型，并根据装卸垛口的传感器装置，对进场车辆进行智能停靠和调度引导，全面提高场院智能调度水平，确保生产高效、充分利用资源。

在投递环节，智能包裹柜非常便民，可持续推广使用，逐步改善用户的用邮习惯，做好“最后一公里”服务；利用物联网技术实现用户配送的多元化，可尝试推行利用汽车尾箱，完成包裹投递，为有条件的小区家庭装配小型家用智能包裹接收装置，设置私有家用智能包裹箱，未来还可以使用辅助投递机器人辅助作业。

以上展望的智能技术是在生产层面的应用，在邮政的运营管理方面，智能化技术也可以一展身手，在智能调度、智能预警监控、智能培训、生产设备智能维护、智能语音客服、智能安全管控等领域发挥巨大的作用。

随着国家“十四五”规划的实施，进入新时代的中国邮政将继续在智能化和信息化技术之路上不断应用探索，这将是一条希望之路，也是一条腾飞之路，只有紧紧抓住第四次工业革命的发展机会，中国邮政才会从一个胜利走向另一个胜利。相信不久的将来，中国邮政会以更加崭新的面貌为亿万公众提供更加贴心、快捷、安全、优质的服务，成为助力建设科技强国和交通强国战略实施的强大动力！